Datenverarbeitung im Recht

Band 1 Heft 1 Juni 1972

Bernt Bühnemann
Herbert Fiedler
Hermann Heussner
Adalbert Podlech
Spiros Simitis
Wilhelm Steinmüller
Sigmar Uhlig

J. Schweitzer Verlag Berlin

Datenverarbeitung im Recht

Archiv für die gesamte Wissenschaft der Rechtsinformatik, der Rechtskybernetik und der Datenverarbeitung in Recht und Verwaltung.

Zitierweise: DVR

Geschäftsführender Herausgeber:

Dr. Sigmar Uhlig, D-53 Bonn-Tannenbusch, An der Düne 13, Telefon 0221/661378

Manuskripte, redaktionelle Anfragen und Besprechungsexemplare werden an den Geschäftsführenden Herausgeber erbeten, geschäftliche Mitteilungen an den Verlag. Für unverlangt eingesandte Manuskripte wird keine Gewähr geleistet.

Band 1, Heft 1, Juni 1972

Inhalt

Die Autoren der Beiträge dieses Heftes

Klaus J. Hopt, Dr. jur. (München), Dr. phil. (Tübingen), M. C. J. (New York University), Institut für Europäisches und Internationales Wirtschaftsrecht der Universität München. D-8 München 21, Dreyerstraße 5

Herbert Fiedler, Dr. jur. Dr. rer. nat., Professor an der Universität Bonn/Gesellschaft für Mathematik und Datenverarbeitung, Birlinghoven. D-53 Bonn, Lessingstraße 24

Sigmar Uhlig, Dr. jur., Bundesministerium der Justiz, Bonn. D-53 Bonn-Tannenbusch, An der Düne 13

Bernt Bühnemann, Dr. jur., Wissenschaftlicher Oberrat an der Universität Hamburg. D-2 Hamburg 73, Jacobshagenerweg 1

Pierre Catala, Professeur à la Faculté de Droit de Paris, Directeur de l'Institut de Recherches et d'Etudes pour le Traitement de l'Information Juridique de Montpellier. 59, Avenue de Saxe, F-75 Paris 7e.

Beiträge in den nächsten Heften

Wilhelm Steinmüller, Gegenstand, Grundbegriffe und Systematik der Rechtsinformatik — Ansätze künftiger Theoriebildung; Jürgen Rödig, Axiomatisierbarkeit Juristischer Systeme; Wilhelm Steinmüller, Das Zweite Datenverarbeitungsprogramm der Bundesregierung — eine Wende in der Förderungspolitik des Bundes; Adalbert Podlech, Verfassungsrechtliche Probleme bei der Anwendung von EDV-Anlagen in Rechtserzeugung und Rechtsanwendung; Gerhard Wittkämper, Aspekte und Strukturen der Datenschutzgesetzgebung in der Welt; Gerhard Stadler, Die Anwendung der EDV und kybernetischer Methoden im Gesetzgebungsprozeß; Helga Stadler, Die Anwendung der EDV im Rechtsstudium und bei juristischen Prüfungen; Viktor Knapp/Vladimir Vrecion, Anwendbarkeit der Informationstheorie im Recht; Dieter Goose, Operations Research und Verwaltungslehre; Diethart Zielinski, Ein Juristisches Informationssystem für die Bundesrepublik?

Vorwort der Herausgeber

Das Interesse der Juristen an der elektronischen Datenverarbeitung ist seit dem 48. Deutschen Juristentag in Mainz (1970) beachtlich gestiegen. Die Anwendungsmöglichkeiten sind nicht mehr nur ein bevorzugter Diskussionsgegenstand weniger Spezialisten. So sind heute besondere Rubriken in traditionellen juristischen Zeitschriften ebensowenig eine Seltenheit wie Spezialzeitschriften, in deren Mittelpunkt u. a. auch die rechtlichen Implikationen elektronischer Datenverarbeitung stehen. Unter diesen Umständen scheint es überflüssig zu sein, den ohnehin nicht spärlich bedienten Markt um eine neue periodische Publikation erweitern zu wollen, zumal die Informationsflut mit diesem Vorhaben noch zusätzlich vergrößert wird.

Dennoch ist nach Ansicht der Herausgeber das mit dieser Zeitschrift verfolgte Anliegen legitim: Die Situation in den letzten 5 Jahren hat sich entscheidend gewandelt. Diskussionen, die bis vor kurzem geführt wurden, ja geführt werden mußten, um die zunächst einmal offenkundigen Vorurteile gegen die Verwendung der Datenverarbeitung – der „Apparate" – im Rechtswesen abzubauen, sind inzwischen abgeklungen. Die experimentelle Arbeit beginnt klare Konturen anzunehmen. Je mehr freilich Detailfragen die Szene beherrschen, je deutlicher konkrete Anwendungsprobleme in den Vordergrund rücken, desto nachhaltiger macht sich der Mangel an theoretischen Reflexionen bemerkbar. Keine der zahlreichen in der juristischen Öffentlichkeit schon angeschnittenen Fragen – Benutzerkreis, Dokumentenauswahl, Informationsaufbereitung, um nur diese zu nennen – ist bislang theoretisch wirklich durchdrungen oder läßt sich letztlich wirklich beantworten, ohne sich über die Aufgabe Gedanken zu machen, die der elektronisch verarbeiteten und gesteuerten Information im Hinblick auf ihre eminent gesellschaftliche Rolle zukommt. Im übrigen begnügt man sich viel zu schnell mit punktuellen Aussagen zu Einzelproblemen und vermeidet es, die Funktion von Information und Informationsmitteln zu hinterfragen. Die Auseinandersetzung um die geplante juristische Bundesdatenbank bietet Beispiele dafür. So kann die Diskussion über elektronische Datenverarbeitung im Recht nur Auftakt sein für die Auseinandersetzung mit weiteren zentralen Problemkomplexen, deren theoretische Aufbereitung ebenfalls längst noch nicht geleistet ist. Man braucht nur an Kybernetik und Operations Research zu denken. Solange jedoch die theoretische Komponente fehlt, ist die Gefahr groß, elektronische Datenverarbeitung im Grunde genommen nur als eine bessere Schreibmaschine anzusehen, Reflexionen über EDV mit Betrachtungen zur Bürotechnik zu verwechseln.

Darum die in letzter Zeit mit allem Nachdruck erhobenen Forderungen, die Rechtsinformatik zu entwickeln. Man mache sich aber nichts vor. In wichtigen Punkten beginnt sich inzwischen zwar Einigkeit abzuzeichnen, vieles andere aber ist noch im Fluß oder muß einstweilen vollkommen offen bleiben.

Kurzum, was wirklich not tut, ist Reflexion, die in der notwendigen kritischen Distanz die Datenverarbeitung in Recht und Verwaltung mit all ihren Implikationen betrachtet und analysiert. Diese Zeitschrift will das Forum dazu bieten. Ein gewiß nicht geringer Anspruch, die Herausgeber sind sich dessen bewußt. Sie sind aber auch der Überzeugung, daß es höchste Zeit ist, die theoretische Diskussion aufzunehmen und in voller Breite und auf internationaler Ebene durchzuführen, sollen nicht irreparable Schäden entstehen.

Juni 1972 Die Herausgeber

Klaus J. Hopt

Simulation und Planspiel in Recht und Gesetzgebung[1]

Übersicht

Simulation und Planspiel haben sich seit den Fünfziger Jahren in den Wirtschaftswissenschaften, in der Soziologie und in der Politikwissenschaft einen unbestrittenen Platz im Arsenal methodischer Hilfsmittel erobert[2]. Wer diesen

---

[1] Der Aufsatz ist Teil einer Arbeit über Notwendigkeit, Bedingungen und Möglichkeiten von System- und Verhaltensprognosen in Recht und Gesetzgebung. Die Grundlagen, die im folgenden nicht weiter diskutiert werden, sind an anderer Stelle erörtert (*Klaus Hopt*, Finale Regelungen, Experiment und Datenverarbeitung in Recht und Gesetzgebung, JZ 1972, 65). Erstens: Beide, Gesetzgeber und Richter, steuern, wenn auch in unterschiedlichem Ausmaß und in unterschiedlich starker Bewußtwerdung, **final** auf das für gerecht und/oder zweckmäßig gehaltene Ergebnis (Gesetz, Einzelfallentscheidung) hin. Zweitens: Dem Gesetzgeber und eingeschränkt auch dem Richter stehen eine Reihe von Hilfsmitteln und Methoden zur Verfügung, deren er sich dazu bedienen kann, diese finale Gestaltung über Intuition hinaus **rational** zu machen (z. B. Hearing, Kommisionsuntersuchung, Experiment, Modellrechnung). Drittens: Als Kombination von Experiment und Modellrechnung zeichnet sich auch in Recht und Gesetzgebung die Möglichkeit des **Experiments am Modell** ab, ein methodisches Vorgehen, dem auch Simulation und Planspiel zuzuordnen sind. Im Experiment am Modell soll die Wirklichkeitsnähe des Experiments mit der von realen Folgen des Experimentierens (soziale Kosten) unbeschwerten, freien Manipulierbarkeit der Modellrechnung verbunden werden und so der Rechtswissenschaft zusätzlich zu den anderen Hilfsmitteln ein neues Instrument zur rationalen Bewältigung der finalen Gestaltung an die Hand gegeben werden.

Disziplinen nicht nur einen unwichtigen Randplatz in den Vorhöfen der eigentlichen Rechtswissenschaft zuweist, sondern bei aller Verschiedenheit der Sozialwissenschaften die Einheit sieht und betont[3], wird sich die Frage nach der Verwendbarkeit von Simulation und Planspiel auch in Recht und Gesetzgebung stellen. Diese Fragestellung wird um so wichtiger, je mehr die Vorstellung geteilt wird, daß das Recht in der Hand des Gesetzgebers und Richters Werte und Zweckentscheidungen in der Realität setzt und gegen diese durchzusetzen unternimmt[4]. Dann geht es nämlich darum, diese Realität kennenzulernen, ihre Entwicklung zu prognostizieren und sie im Rahmen des Möglichen zu beeinflußen und zu steuern.

Methodische Hilfsmittel aus anderen Disziplinen zu übertragen, setzt zweierlei voraus: Einmal muß Klarheit über die Methodik bestehen. Weiter müssen die Erfahrungen dieser Disziplinen mit dem Hilfsmittel gesichtet werden. Beides, Methode und Erfahrungen, müssen so dargestellt werden, daß sich derjenige, der für diese Hilfsmittel Interesse zeigt, sei es der Gesetzgeber, der Richter oder der Verwaltungsjurist, ein Bild machen kann. Das zwingt dazu, für den Fachmann etwa des Operations Research Bekanntes näher auszuführen, wie umgekehrt manches andere zu vereinfachen. Erst auf einem solcher Art vorbereiteten Hintergrund läßt sich dann sinnvoll versuchen, Gebiete möglicher Nutzanwendung für Simulation und Planspiel in Recht und Gesetzgebung aufzusuchen und abzustecken. Bei dieser Suche kann es noch nicht darum gehen, einzelne Simulationsmodelle aufzustellen oder Planspiele zu konstruieren. Dies in Angriff zu nehmen, ist eine interdisziplinäre Aufgabe für Juristen und Angehörige anderer Disziplinen (Unternehmensforscher, Soziologen, Informatiker usw.)[5].

---

[2] Ausgewählte Literatur in den Fußnoten, besonders Fußn. 6 (Modellbau und Simulation), Fußn. 38 (Bibliographien), Fußn. 60 (Planspiel), Fußn. 68 (Anwendung in Recht und Gesetzgebung).

[3] Ansätze dazu z. B. in: Zur Einheit der Rechts- und Staatswissenschaften, Ringvorlesung, Freiburg, WS 1966/67, 1967; Das Verhältnis der Wirtschaftswissenschaft zur Rechtswissenschaft, Soziologie und Statistik, Schriften des Vereins für Socialpolitik, NF Bd. 33, 1964.

[4] Zum Wirtschaftsrecht als einem auf das System Wirtschaft zugreifenden Systemregelungsrecht und zu diesem wirtschaftsrechtlichen Steuerungsprozeß, *Klaus Hopt,* Rechtssoziologische und rechtsinformatische Aspekte im Wirtschaftsrecht, in: Münchner Ringvorlesung, WS 1971/72 über „Die Anwendung der elektronischen Datenverarbeitung im Recht – Möglichkeiten und Probleme", demnächst im J. Schweitzer Verlag, Berlin.

[5] Die Notwendigkeit solcher interdisziplinärer Zusammenarbeit speziell für Simulationsprojekte betont z. B.*Charles P. Bonini,* Simulation of Information and Decision Systems in the Firm, Englewood Cliffs, 1963, 3d printing, 1965, p. 22, 27; allgemein in einem Bericht über die Lage in den USA *Volkmar Gessner,* Probleme der Zusammenarbeit zwischen Juristen und Sozialwissenschaftlern, JZ 1970, 324. Daß die immer dringlichere Notwendigkeit interdisziplinärer Zusammenarbeit den Weg zu einem eigenen Wissenschaftsgebiet – über dessen Reichweite man freilich noch keine Einigkeit hat erzielen können –, nämlich der Kybernetik, gewiesen hat, betont *Karl W. Deutsch,* Politische Kybernetik, Modelle und Perspektiven, 1969, S. 136 mit Nachweisen.

I. Simulation und Planspiel: Ihre Methode und ihre Anwendung in den Wirtschafts- und Sozialwissenschaften

A. Die Methode der Simulation[6]

Die verbale Abgrenzung der Simulation von anderen Methoden[7] oder gar eine bloße Definition[8] lassen die Eigenarten dieser Methode noch nicht plastisch

---

[6] Zahllos sind die einschlägigen allgemeineren und spezielleren Arbeiten zu Modellbau und Simulation. Im folgenden seien herausgegriffen:

a) Methodische und allgemeinere Literatur, insbesondere auch zum Modellbau: *W. Ross Ashby,* Simulation of a brain, in: *Harold Borko,* ed., Computer Applications in the Behavioral Sciences, Englewood Cliffs, 1962, p. 453-467; *Adolf Angermann,* Entscheidungsmodelle, 1963; *Robert Boguslaw, Robert H. Davis,* Social Process Modelling: A Comparison of a Live and Computerized Simulation, Behavioral Science, vol. 14 (1969) 197-203; *Carl F. Christ,* Aggregate Economic Models, Am. Ec. Rev. 46 (1956) 385-408; *Kalman J. Cohen, Richard M. Cyert,* Computer Models in Dynamic Economics, Quarterly J. of Economics 75 (1961) 112-127; *Kalman J. Cohen, Frederick S. Hammer,* eds., Analytical Methods in Banking, Homewood, Ill., 1966; *H. Freudenthal,* ed., The Concept and the Role of the Model in Mathematics and Natural and Social Sciences, Dordrecht, 1961; *Erich Kosiol,* Modellanalyse als Grundlage unternehmerischer Entscheidungen, Z. f. handelswiss. Forsch. 13 (1961) 318-334 (eine Einführung); *Claude McMillan, Richard F. Gonzales,* Systems Aanalysis, a computer approach to decision models, rev. ed., Homewood, Ill., 1968, 2d printing 1969; *Renate Mayntz,* Formalisierte Modelle in der Soziologie, 1967; *Oskar Morgenstern, John v. Neumann,* Theory of Games and Economic Behavior, Princeton, 1953, 3d ed., New York, 1964; *Martin Shubik,* Spieltheorie und Sozialwissenschaften, 1964 (1965); *Herbert A. Simon,* Models of Man, Social and Rational, 4th ed., New York, London, 1966; *J. R. N. Stone,* Economic and Social Modelling, in: C-E-I-R, ed., Mathematical Model Building in Economics and Industry, London, 1968, p. 49-60.

b) Literatur spezieller zur Simulation (weitere Nachweise auch in den übrigen Fußnoten): *Arnold E. Amstutz,* Computer Simulation of Competitive Market Response, Cambridge, Mass., 1967; *Frederick E. Balderston, Austin C. Hoggatt,* Simulation of Market Processes, Berkeley, 1962; *Helmut Barth,* Die Technik der Computersimulation. Ein Aufweis theoretischer Probleme, ADL-Nachrichten 59 (1969) 722-732; *Richard F. Barton,* A Primer on Simulation and Gaming, Englewood Cliffs, 1970; *Karl Bleicher,* Unternehmungsspiele, Simulationsmodelle für unternehmerische Entscheidungen, 1962; *Charles P. Bonini,* Simulation of Information and Decision Systems in the Firm, Englewood Cliffs, 1963, 3d printing 1965; *Dimitris N. Chorafas,* Systems and Simulation, New York, London, 1965; *Geoffrey P. E. Clarkson, Herbert A. Simon,* Simulation of Individual and Group Behavior, Am. Ec. Rev. 50 (1960) 920-931; *Geoffrey P. E. Clarkson,* Portfolio Selection: A Simulation of Trust Investment, Prentice Hall, 1962; *Warren B. Davis,* IBM-McKinsey Bank Management Simulation, in: *Kalman J. Cohen, Frederick S. Hammer,* Analytical Methods in Banking, Homewood, Ill., 1966, p. 91 (pädagogische Zwecke); *James R. Emshoff, Roger L. Sisson,* Design and Use of Computer Simulation Models, 2d printing, London, 1971; *Harald Guetzkow,* ed., Simulation in Social Science: Readings, Englewood Cliffs, 1962; *John Haldi, Harvey M. Wagner,* Simulated Economic Models, Homewood, Ill., 1963 (pädagogische Zwecke, ohne Computereinsatz); *Volker Hauff, Friedrich Latzelsberger,* Simulationsmodelle in der soziologischen Forschung, in: *Rul Gunzenhäuser,* Hrsg., Nicht-numerische Informationsverarbeitung, 1968, S. 127-147; *Frederik E. Balderston, Austin C. Hoggatt,* eds., Symposium on Simulation Models: Methodology and Application to the Behavioral Sciences, South Western Publ. Co., Cincinatti, 1963; *S. H. Hollingdale,* ed., Digital Simulation in Operational Research,

werden. Hierfür empfiehlt sich, das methodische Vorgehen in einem Ablaufdiagramm analytisch zergliedert darzustellen und dann die einzelnen Schritte zu erläutern[9].

Die in dem Ablaufdiagramm (Abb. 1) ersichtliche Einteilung des Vorgehens in *drei Stufen* entspricht dem an anderer Stelle[10] geschilderten logischen Vorgehen beim Experimentieren am Modell. Gegenüber dem für die Naturwissen-

---

Conference Hamburg, 1965, London, 1967; *Horst Koller,* Simulation und Planspieltechnik, Berechnungsexperimente in der Betriebswirtschaft, Gabler, 1969; *Horst Koller,* Simulation als Methode in der Betriebswirtschaft, Zeitschrift für Betriebswirtschaft, 1966, 95; *Rolf Koxholt,* Die Simulation – ein Hilfsmittel der Unternehmensforschung, München, Wien, 1967; *Francis F. Martin,* Computer Modelling and Simulation, Wiley, New York, 1968; *Renate Mayntz,* Anwendung der Kybernetik in der Soziologie, in: *Helmar Frank,* Hrsg., Kybernetische Maschinen, 1964, S. 379-385 (besonders zur Simulation); *Peter Mertens,* Simulation, Stuttgart, 1969; *Werner Meissner,* Zur Methodologie der Simulation, ZGesStW 126/3 (1970) 385-397; *Wolfgang Müller,* Die Simulation betriebswirtschaftlicher Informationssysteme, Gabler, 1969; *Thomas H. Naylor,* ed., Computer Simulation Experiments with Models of Economic Systems, New York, London, 1971; *Thomas H. Naylor, Josef L. Balintfy, Donald S. Burdick, Kong Chu,* Computer Simulation Techniques, Wiley, New York, London, 1966; *Guy H. Orcutt, Martin Greenberger, John Korbel, Alice M. Rivlin,* Microanalysis of Socioeconomic Systems, A Simulation Study, New York, London, 1961; *Martin Shubik,* Simulation of the Industry and the Firm, Am. Ec. Rev. 50 (1960) 908-919; *Horst Siebert,* Simulation als Informationsinstrument der Wirtschaftspolitik, ZGesStW 126/3 (1970) 409; *S. Siegel, L. Fouraker,* Bargaining Group Decision Making: Experiments in Bilateral Monopoly, McGraw Hill, New York, 1960; *R. Clay Sprowls,* Business Simulation, in: *Harold Borko,* ed., Computer Application in the Behavioral Science, 1962; *K. D. Tocher,* The Art of Simulation, London, 1963; *K. D. Tocher,* The State of the Art of Simulation – A Survey in: *David B. Hertz, Jacques Melese,* The Proceedings of the 4th International Conference on Operational Research, New York, 1966, p. 693-701; *William D. Wells,* Computer Simulation of Consumer Behavior, Harv. Bus. Rev. 41 (1963), No. 3, p. 93-98.

[7] Dazu die Lehrbücher zu Unternehmensforschung und Operations Research, z. B. das Standardwerk von *C. W. Churchman, R. L. Ackoff, E. L. Ackoff,* Operations Research, Eine Einführung in die Unternehmensforschung, 1963.

[8] Simulation kann definiert werden als Berechnungsexperiment, in dem mehrere alternative Einzelfälle eines Modells berechnet werden, die induktive Schlüsse über das im Modell abgebildete System als ganzes, über die Interaktion der einzelnen Systemteile, über optimale Konstellationen der Parameter etc. zulassen. Mit Nachweisen *Klaus Hopt,* aaO (Fußn. 1), JZ 1972, 65 (74).

[9] Aufgliederung und Abfolge des in Abb. 1 dargestellten Prozesses ist in der Literatur keineswegs einheitlich. So wird gelegentlich die Reihenfolge von Schritt 2 und 3 umgekehrt bzw. zwischen Schritt 3 und 4 ein weiterer Schritt eingefügt, bei dem es um die Abschätzung der Parameter und ihre empirische Verifizierung gehen soll, oder es wird zwischen Schritt 5 und 6 in einem eigenen Schritt die Brauchbarkeit des Computermodells geprüft, wobei dann hier erst die Parameter abgeschätzt werden sollen. Schließlich wird manchmal der Schritt 8 als Folgeentscheidung nach Durchführung der Simulation ausgeklammert. Der Sache nach ändert sich aber dadurch jeweils prinzipiell wenig. Besonders ausführlich zu den einzelnen Schritten *Naylor, Balintfy, Burdick, Kong Chu,* Computer Simulation Techniques, 1966, p. 24 et s. Ferner *Peter Mertens,* Simulation, 1969, S. 10. Vgl. auch allgemeiner zur Vorgehensfolge im Operations Research *Fred Hanssmann,* Operations Research Techniques for Capital Investment, New York, London, 1968, p. 5 et s.

[10] Siehe Fußnote 1.

schaften typischen Experiment an der Realität erweitert sich hier das Vorgehen vor und nach dem Experiment um die Abbildung der Realität im Modell[11] und um die Rückbeziehung der im Experiment gewonnenen Informationen auf die Realität[12].

Dieses stufenweise Vorgehen läßt sich in acht einzelne Schritte[13] untergliedern. Die Abbildung der Realität im Modell *(erste Stufe)* vollzieht sich in den ersten vier Schritten.

1. Formulierung des Problems

Erster und entscheidender Schritt bei der Simulation ist die Formulierung des Problems oder anders: Es muß klar werden, welches Erkenntnisziel den Forscher bestimmt. Dies gilt zwar allgemeiner für jede Art methodischen Forschens, aber doch in besonderer Weise für die Simulation. Angesichts des hohen Aufwands und der Kosten von Simulationen muß nämlich ganz zu Anfang schon erwogen werden, erstens ob das Erkenntnisziel nicht einfacher mit anderen (analytisch-deduktiven) Methoden erreicht werden kann und, wenn nein, zweitens ob die Simulation im Hinblick auf dieses Erkenntnisziel ausreichende Informationen zu liefern verspricht. Beide Erwägungen können nur dann erfolgreich angestellt werden, wenn nicht nur, wie manchmal sonst, das Forschungsinteresse allgemein bestimmt ist, sondern wenn im einzelnen die zu beantwortenden Fragen und die dazu aufgestellten und zu verifizierenden Hypothesen formuliert werden können und formuliert sind[14]. Datensammlung, Modellbau oder gar Programmierarbeit vor Abschluß der Problemformulierung vergeuden Zeit und Mittel. Sehr ironisch ist dazu gesagt worden: „There is often a great temptation to regard a computer as a substitute for thought."[15]

2. Auswahl, Sammlung und Aufbereitung der Daten

Wenn das Ergebnis der ersten Stufe die Abbildung der Realität in einem Modell sein soll, gilt es in einem zweiten Schritt umfassende und möglichst exakte Informationen aus eben dieser Realität zu gewinnen. Je mehr Reibungsverluste

---

[11] Das ist mehr als eine bloße Versuchsanordnung.

[12] Es handelt sich hier in einem doppelten Sinn um einen Regelkreis. Einmal werden die durch Simulation gewonnenen Ergebnisse häufig als Ausgangsdaten in den nächsten Simulationslauf eingegeben bzw. für weitere Simulationen verwendet, also feedback im Prozeß der Simulation selbst. Zum anderen werden die Endergebnisse der Simulation auf die Realität rückbezogen, also feedback vom Modell zur Realität.

[13] Nur die Stufen liegen fest. Die Schritte können zusammengefaßt oder weiter zergliedert werden. Das gilt auch für Rückverzweigungen in der Abbildung. *Naylor, Balintfy, Burdick, Kong Chu,* loc.cit. (Fußn. 9), p. 24: „To be sure, any procedure of this type is largely arbitrary in nature, and can only be judged on purely pragmatic grounds".

[14] *Naylor, Balintfy, Burdick, Kong Chu,* loc.cit. (Fußn. 9), p. 27. Ein gutes Beispiel für eine solche Problemformulierung bieten *H. N. Shycon, R. B. Maffei,* Simulation – Tool for Better Distribution, Harv. Bus. Rev. 38 (1960), No. 6, p. 65-75, für ein Firmenabsatzmodell.

[15] *B. H. P. Rivett,* Why Simulate? in *S. H. Hollingdale,* ed., Digital Simulation in Operational Research, 1967, p. 3 (6); auch p. 7: „Perhaps however, the greatest limitation lies in the limitation of our understanding of what is going on in the management situations we are observing".

1. Stufe:

Abbildung der Realität im Modell

2. Stufe:

Experiment am Modell

3. Stufe:

Auswertung und Rückschlüsse vom Modell auf die Realität

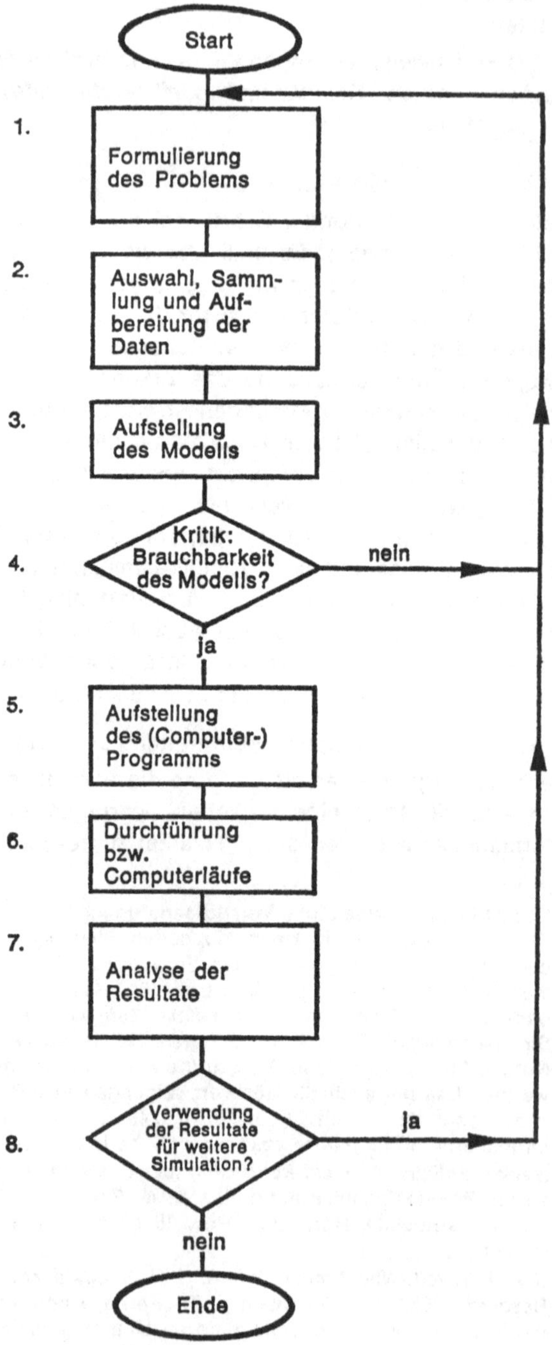

Abbildung 1

hier auftreten, desto mehr werden Modell und abzubildende Realität differieren und desto fragwürdiger werden später die Rückschlüsse von dem manipulierten Modell auf die Realität.

Daß es nicht möglich ist, die gesamte vielfacettige Realität abzubilden, liegt auf der Hand. Reduzierung auf das für das Erkenntnisziel Wesentliche tut not. Nicht Isomorphie[16], sondern mehr oder weniger große Ähnlichkeit in einer bestimmten, durch das Erkenntnisziel festgelegten Richtung gilt es zu schaffen. Aus der Viel-, ja Unzahl der empirischen Fakten muß ausgewählt werden. Welche Auswahl getroffen wird, bestimmt das Erkenntnisinteresse. Dieser Prozeß des Auswählens kann bereits Rückinformationen für die Formulierung des Problems liefern. Besonders dann, wenn von vornherein keine Aussicht besteht, für die ausgewählten Fakten ausreichend zuverlässige Daten zu bekommen, muß erneut beim ersten Schritt eingesetzt werden.

Nach der Auswahl der relevanten Fakten gilt es, unter Beachtung der bekannten Repräsentativitätserfordernisse die diesen Fakten zugehörigen Daten zu erfassen. Ein Teil dieser Daten ist bereits nötig, damit anschließend das Modell aufgestellt werden kann. Die übrigen hierzu noch entbehrlichen Daten – besonders in Anzahl und Umfang – können auch erst später nach Aufstellung und Kritik des Modells erfaßt werden[17]. Methoden der Datenerfassung sind bei sozialwissenschaftlichen Modellen etwa die Benutzung der Interviewtechnik oder Fragebogenerhebungen[18]. So können bei der Simulation des Wählerverhaltens Meinnungsumfragen aufschlußreich sein. *Clarkson* hat für seine Simulation der Investmentanlage durch Banken und Trusts die für die Anlageentscheidung zuständigen Angestellten über ihre Überlegungen, Gründe und Motive für das Ausscheiden bestimmter Anlagemöglichkeiten und die Wahl anderer befragt[19]. Bei der Simulation des Verhaltens eines Unternehmens kann in weitem Umfang auf bereits vorhandene Daten zurückgegriffen werden, z. B. Löhne, Zahl der Beschäftigten, Kundenbestellungen, Außenstände, Transportwege, Lagermöglichkeiten.

---

[16] In der Sprache mathematischer Funktionen (Abbildungen): Bijektivität.

[17] Diese zweispurige Datenerfassung empfiehlt sich besonders dann, wenn damit zu rechnen ist, daß sich erst beim Modellbau die Notwendigkeit anderer, bis dahin nicht ausgewählter Fakten erweisen wird. Vgl. allgemein für die Unternehmensforschung *Hannsmann,* loc.cit. (Fußn. 9), p. 5 et s.: Modellkonstruktion vor Abschätzung der Umweltparameter. Aus zwei Gründen empfiehlt es sich dennoch, an der in Abb. 1 dargestellten Schrittfolge festzuhalten: Einmal werden für Modellbau und Modellkritik unbedingt Daten gebraucht. Erst aus der Anschauung der Daten lassen sich bestimmte Funktionshypothesen aufstellen und ohne Daten läßt sich die Realitätsnähe des Modells kaum beurteilen. Zum anderen sollte schon bei der Problemformulierung und bei der Auswahl der Fakten in solchem Maß Klarheit über die benötigten Daten erzielt werden, daß die Datensammlung auf ein Mal – dies schon aus Zeit- und Kostengründen – vorgenommen werden kann.

[18] Einführend z. B. *René König,* Hrsg., Handbuch der empirischen Meinungsforschung, Bd. 1, 1962; *Renate Mayntz, Kurt Holm, Peter Hübner,* Einführung in die Methoden der empirischen Soziologie, 1969; *Bernard S. Philipps,* Empirische Sozialforschung (Strategie und Taktik), 1970.

[19] *Geoffrey P. E. Clarkson,* Portfolio Selection: A Simulation of Trust Investment, Prentice Hall, 1962, 2d ed. 1968.

Die Daten werden bei der Erfassung in den verschiedensten Formen und nach unterschiedlichen Bezugseinheiten angeliefert. Sie müssen aufbereitet werden. Zunächst werden sie auf dieselben bzw. vergleichbare Bezugseinheiten umgeformt[20]. Folge- und Komplementärdaten können aus den ermittelten Daten errechnet werden[21]. Umwandlung in maschinenlesbare Form (Übertragung auf Lochkarten oder Magnetband) und Abspeicherung für wiederholten Zugriff schließen sich an.

3. Aufstellung des Modells[22]

a) Bei der Aufstellung des Modells werden zunächst die *Systemkomponenten*, also die verschiedenen Teileinheiten bestimmt, aus denen sich das System zusammensetzt. So wird beispielsweise ein Simulationsmodell des Absatzes eines Unternehmens (= Gesamtsystem) folgende Teileinheiten aufweisen: Kunden, Produktionsstätten, Lagerhäuser, Transportmittel, Produkte, Lieferungsorte usw. Das Modell wird verfeinert, wenn diese Teileinheiten durch weitere ergänzt oder untergliedert werden. In dem genannten Beispiel wären dann weiter zu berücksichtigen: Auftragshäufigkeiten, Absatzmengen, Grad der Produktkombination bei den Aufträgen usw.[23]

b) Vom (Anfangs-)Zustand der Systemkomponenten selbst und von den Umwelteinflüssen auf diese Komponenten hängt es ab, wie die Komponenten sich im Verlauf der Simulation verhalten und welcher Endzustand der Komponenten und des Systems erreicht wird. Nach den Systemkomponenten müssen also Zustandsvariabeln, Entscheidungsvariabeln und Parameter festgelegt werden.

Mit Hilfe der *Zustandsvariabeln*[24] wird der jeweilige Zustand der Systemkomponenten zu Beginn, Ende oder einem anderen relevanten Zeitpunkt des Simulationsprozesses bestimmt. Handelt es sich bei der betreffenden Systemkomponente um ein einzelnes Individuum, sind Zustandsvariabeln etwa Einkommen, Erziehung, Alter, Geschlecht, Stand usw. Bei einem Unternehmen als Teileinheit des Systems sind es z. B. bisheriger Umsatz, Kapazität, vorhandene Läger, Liquidität usw.

Entscheidungsvariabeln[24a] bezeichnen diejenigen Größen, die während der Simulation gezielt verändert werden sollen, damit ihre Einwirkung auf das Verhalten des Systems oder der Systemkomponenten festgestellt werden kann oder damit unter mehreren möglichen Strategien die optimale herausgefunden wird. Hierher gehören z. B. in einer Marktverhaltenssimulation Entscheidungen des Unternehmens über Preiserhöhung, Kapazitätsausweitung, Produktionsdrosselung, Parallelverhalten im Oliogpol usw.

---

[20] Ein ganz einfaches Beispiel: Matrixinversion, um vergleichbare Matrizen zu bekommen.

[21] Z. B. den Periodengewinn als Differenz zwischen Erlös bzw. Umsatz und Kosten: G = E – K, in der Betriebswirtschaft.

[22] Die Modelle lassen sich in verschiedener Weise einteilen, z. B. deterministische und stochastische Modelle, statische und dynamische Modelle usw.

[23] Dazu *Shycon, Maffei*, loc.cit. (Fußn. 14), p. 68 et s.

[24] Auch Statusvariabeln genannt.

[24a] Auch Entscheidungsparameter genannt.

Parameter[25] sind diejenigen Bedingungen, die die Umwelt des Systems betreffen und während des Simulationslaufes nicht verändert werden[26]. Nur wenn sie konstant gehalten werden, läßt sich nämlich ein bestimmtes Verhalten des Systems auf die Veränderung gerade der Entscheidungsvariabeln zurückführen. Neben diesem Sprachgebrauch gibt es noch andere. So ist es gelegentlich von exogenen oder Inputvariabeln[27] und von endogenen oder Outputvariabeln[28] die Rede. Doch läßt sich bei Verwendung dieser Begriffe die Frage, welcher Kategorie eine bestimmte Größe zuzuordnen ist, nur mehr ad hoc für das einzelne Modell beantworten[29].

c) Nach der Festlegung der Systemkomponenten, der Variabeln und der Parameter müssen die gegenseitigen Beziehungen und Verhaltenseinflüsse zwischen den verschiedenen Größen in Form mathematischer oder logischer Funktionen fixiert werden *(Funktionalbeziehungen oder Operationscharakteristiken)*. Diese Beziehungen sind nur manchmal bekannt. Oft müssen insoweit erst aus der Anschauung der Daten Funktionshypothesen aufgestellt werden.

4. Kritik: Brauchbarkeit des Modells?

Die Abbildung der Realität im Modell schließt mit einer kritischen Würdigung der Brauchbarkeit des Modells für das zu lösende Problem. Die Brauchbarkeit kann aus zwei Gründen zu verneinen sein. Zunächst kann sich herausstellen, daß das Modell die Realität in einem für die Erreichung des Erkenntniszieles nicht ausreichenden Maße widerspiegelt. Das trifft zu, wenn relevante Einflußfaktoren nicht in das System aufgenommen worden sind oder wenn sich eine hypothetische Funktionalbeziehung zwischen zwei Variabeln bei näherem Zusehen nicht halten läßt. Es wäre wenig sinnvoll, ein solches Modell unter Zeit- und Kostenaufwand in ein Computerprogramm zu übersetzen, um dann doch beides, mathematisches und Computermodell, zu verwerfen[30].

---

[25] Auch Umweltpartmeter, Umweltfaktoren oder Nebenbedingungen genannt.

[26] Z. B. *Richard F. Barton*, A Primer on Simulation and Gaming, 1970, p. 31.

[27] Exogene oder Input-Variabeln bezeichnen den jeweiligen Zustand der für die Systemkomponenten relevanten externen Faktoren zu irgendeinem Zeitpunkt der Simulation. Diese Variabeln sind entweder durch die abgebildete externe Realität determiniert oder werden jeweils durch die Wahl dessen, der in dem System die Entscheidungen fällt, festgelegt. So sind etwa bei der Simulation des Marktverhaltens eines Unternehmens exogene Variabeln der ersten Art die Aufnahmefähigkeit des Marktes für bestimmte Produkte, Produktpräferenzen oder die Konkurrenzverhältnisse. Exogene Variabeln der zweiten Art wären etwa Kapazitätsausweitung oder Produktionsdrosselung, Preiserhöhung usw. Vgl. auch *Barton*, loc.cit. (Fußn. 26), p. 31.

[28] Endogene oder Output-Variabeln (im Englischen auch generated variables) werden im Verlauf der Simulation als Resultierende des Prozesses selbst gebildet. Sie werden anders als Statusvariabeln und exogene oder Input-Variabeln zu keinem Zeitpunkt des betreffenden Simulationslaufs – wohl aber (dann als Variabeln der genannten Art) für neue Simulationsläufe – von außen eingegeben.

[29] Der hier gewählte Sprachgebrauch entspricht folgender Funktionsgleichung: $E = f(x, y)$; E = Zielgröße, x = Entscheidungsvariable, y = Umweltfaktoren.

[30] Manchmal läßt sich allerdings die Brauchbarkeit des Modells erst an Hand verschiedener Testläufe beurteilen. Dann bleibt die Aufstellung des Computerprogramms nicht erspart. In diesem Fall wird dann – methodisch gesehen – der in Abb. 1 dargestellte

Das Modell kann zum anderen deswegen unbefriedigend sein, weil es unnötig oder übermäßig komplex ist. Das Modell ist unnötig komplex, wenn bestimmte Größen und Funktionalbeziehungen keinen wesentlichen Einfluß auf die Zielgrößen haben. Dies muß im Rahmen einer Sensibilitätsanalyse festgestellt werden. Das Modell wird dann vereinfacht. Das Modell ist übermäßig komplex, wenn es bei der Berücksichtigung der zur Verfügung stehenden Speicherkapazität, Rechenzeit und finanziellen Mittel nicht mehr zu manipulieren ist. Die Frage nach der Ökonomie des Modells stellt sich und der Versuch liegt nahe, ein komplexes Gesamtmodell aus identischen oder doch verhaltensgleichen Bausteinen und Submodellen zusammenzusetzen. Das ist blockrekursive Konstruktion oder Konstruktion nach dem Bausteinprinzip[31].

Kann die Brauchbarkeit des Modells bejaht werden, ist also die Realität adäquat abgebildet, gilt es in der *zweiten Stufe* an diesem Modell zu experimentieren.

5. Aufstellung des (Computer-)Programms

Zunächst wird der Verlauf des Experiments in einem Programm abgesteckt. Bei der Computersimulation[32] muß dabei das mathematische oder logische Modell mit Hilfe einer Programmiersprache, am besten mit einer der eigens für Simulationen entwickelten Spezialsprachen wie GPSS III, SIMSCRIPT II und DYNAMO[33], in Maschinensprache übersetzt werden.

6. Durchführung bzw. Computerläufe

Die eigentliche Durchführung des Experiments entsprechend dem Programm schließt sich an. Wieviele und welche Computerläufe stattfinden sollen, wird entweder vorweg im Programm oder von Lauf zu Lauf entschieden. Die Entscheidung ist eine Frage der Suchstrategie (z. B. welche verschiedenen Entscheidungs- und Umweltkonstellationen untersucht werden sollen) und der eigenen Anforderungen an den Zuverlässigkeitsgrad des späteren Induktivschlusses[34].

Innerhalb der sich jetzt eröffnenden *dritten Stufe* werden die Experimente ausgewertet und Rückschlüsse vom Modell auf die Realität gezogen.

Prozeß voll durchlaufen: Das Erkenntnisziel ist dabei der Modelltest. Zu dieser sog. Modelltest-Simulation weiter unten im Text.

[31] Dazu *G. H. Orcutt, M. Greenberger, J. Korbel, A. M. Rivlin,* Microanalysis of Socioeconomic Systems: A Simulation Study, New York, 1961, p. 17 et. s.; *G. H. Orcutt,* Simulation of Economic Systems, Am. Ec. Rev. 50 (1960) 893 (901). Auch *Siebert,* aaO (Fußn. 6), ZGesStW 126/3 (1970) 409 (413 f).

[32] Simulationen sind nicht denknotwendig nur unter Computereinsatz durchzuführen. Praktische Bedeutung hat heute aber in erster Linie die Computersimulation. Näher *Hopt,* aaO (Fußn. 1), JZ 1972, 65 (74 f.).

[33] Ausführliche Zusammenstellungen z. B. bei *Naylor, Balintfy, Burdick, Kong Chu,* loc.cit. (Fußn. 9), p. 239-309 mit weiteren Nachweisen; *Barton,* loc.cit. (Fußn. 26), p. 173-203; *Rolf Koxholt,* Die Simulation – Ein Hilfsmittel der Unternehmensforschung, 1967, S. 57-103 (Simulationssprachen und Simulationssteuerungssysteme); *J. N. Buxton,* ed., Simulation Programming Languages, 1968 (Proceedings of the JFJP Working Conference on Simulation Programming Languages, Oslo, May 1967).

[34] Erhöhung des Zuverlässigkeitsgrads setzt quadratisches Anwachsen des Stichprobenumfangs voraus.

7. Analyse der Resultate

Die verschiedenen Experimente am Modell, die durch Veränderung der Entscheidungsvariabeln vorgenommen worden sind, müssen ausgewertet und interpretiert werden. Durch Aufstellung von Statistiken und unter Zuhilfenahme anderer Techniken[35] muß beurteilt werden, ob und gegebenenfalls welche Abhängigkeiten zwischen Entscheidungsvariabeln und dem Verhalten des Gesamtsystems bzw. seiner Komponenten besteht. Eine wesentliche Hilfe bei dieser Analyse ist der Vergleich der simulierten Prozesse und ihrer Resultate mit der Realität. Freilich dürfen all die Daten, die zur Aufstellung des Modells benützt worden sind, um dieses der Realität anzunähern, hier nicht erneut herangezogen werden. Sie sind bereits in das Modell eingegangen und verbürgen keine zusätzliche Kontrolle der Ähnlichkeit von Modell und Realität.

8. Verwendung der Resultate für weitere Simulation?

Zuletzt fragt sich, ob das analysierte und nach Bedarf an zusätzlichen Daten verifizierte Resultat für weitere Simulation verwendet werden soll. Verneint wird diese Frage beispielsweise bei einer sog. strategischen[36] oder besser Modelltest-Simulation, wenn der Vergleich der simulierten Ergebnisse mit der Realität eine nicht mehr tragbare Diskrepanz zwischen Urbild und Abbild erkennen läßt. Hier folgt dann unmittelbar, daß der gesamte Vorgang – ab Schritt 1 oder, wenn lediglich eine Funktionshypothese falsifiziert ist, ab Schritt 3 – wiederholt wird, bis simulierte und empirische Daten korrelieren. Ist dies der Fall, hat die Modelltest-Simulation ihr Ziel erreicht. Bei allen anderen Simulationen[37] ist das Vorgehen dann zu Ende, d. h. die Resultate der Simulation werden nicht für weitere Simulation verwendet, wenn in sich stimmige, derzeit empirisch nicht falsifizierbare Aussagen über das Verhalten des Systems und seiner Komponenten aufgestellt sind oder wenn sich die prognostischen Aussagen in der Realität bestätigen oder wenn bei der Optimierung ein dem Anspruchsniveau genügendes relatives Optimum gefunden worden ist.

Wenn die Simulation erfolgreich war, steht also am Ende die erstrebte Erkenntnis bzw. Information: als realitätsnahes Modell, als fundierte Prognose, als relatives Optimum oder allgemein als Aussage über Verhältnis und Verhalten von System, Systemkomponenten, Variabeln und Parametern.

B. Anwendung der Simulation in den Wirtschafts- und Sozialwissenschaften[38]

Jede Methode in der Wissenschaft findet Rechtfertigung und Bestätigung in dem, was sie praktisch leistet. Nach der Betrachtung der Methodik gilt es des-

---

[35] Dazu mit Nachweisen *Meissner*, aaO (Fußn. 6), ZGesStW 126/3 (1970) 385 (389 f).

[36] *Martin Shubik*, Simulation and Gaming: Their Value to the Study of Pricing and other Market Variables, in: *Alfred R. Oxenfeldt*, Models of Markets, New York, London, 1963, p. 307-338 (310).

[37] Auch taktische genannt von *Shubik*, loc.cit. (Fußn. 36).

[38] Die Modelle sind heute bereits so zahlreich, daß sie ohne Bibliographie nicht mehr zu überblicken sind. Z. B. *Martin Shubik*, Bibliography on Simulation, Gaming, Artificial Intelligence and Allied Topics, in: Journal of the American Statistical Association, vol.

halb, einen Blick auf einige typische Anwendungsversuche zu werfen. Hier interessieren die Anwendungen in den Wirtschafts- und Sozialwissenschaften, weil die sich dort stellenden Fragen den in Recht und Gesetzgebung zu bewältigenden Aufgaben noch am nächsten stehen.

Dem kritisch abwartenden Juristen kann hier vorweg die Tatsache mitgeteilt werden, daß sich Berechnungsexperiment und Simulation[39] aus den Wirtschaftswissenschaften heute nicht mehr wegdenken lassen. In den Sozialwissenschaften ist die Entwicklung noch nicht so weit fortgeschritten. Doch zeigen eine ganze Reihe von Projekten, daß sich auch dort die Simulation – wenngleich vorerst noch hinter dem Planspiel – ihren Platz neben den herkömmlichen Methoden erobert. Der entscheidende doppelte Vorzug dieser Methode gegenüber den bisherigen besteht nämlich darin, daß es unter Einsatz von Rechenmaschinen möglich wird, erstens Systeme großer Komplexität zu manipulieren und dadurch in ihrer Verhaltensweise und ihren inneren Abhängigkeiten zu verstehen und zweitens Systeme mit einer großen, bisher nicht zu bewältigenden Datenmenge ohne allzu rigorose Vereinfachung und mit dem gesamten relevanten empirischen Datenschatz zu erfassen[40]. Die Relevanz der dadurch eröffneten Erkenntnisse und Prognosen für den „Wirtschafts- und Sozialingenieur" und sein technisches, politisches, soziales, wirtschaftliches und leider militärisches Planen ist ersichtlich. Diese Aussagen und Voraussagen stützen sich nämlich nicht nur auf Intuition des Praktikers oder Spekulation des Theoretikers, sondern auf Beobachtung der Realität am homomorphen Modell.

1. Ihren Einzug in die Wirtschaftswissenschaften hat die Simulation in erster Linie über die Unternehmensforschung[42] gehalten. Im Rahmen der heute mehr

---

55 (1960) 736-751; *D. G. Malcolm,* Bibliography on the Use of Simulation in Management Analysis, in: Operations Research, vol. 8 (1960), No. 2 p. 1969-177; *A. R. L. Deacon Jr.,* A selected bibliography in: Simulation and Gaming, A Symposium, American Management Association, Management Report, No. 55, New York, 1961, p. 113-131. Eine kommentierte Bibliographie (besonders zur Spieltheorie) bringt *Martin Shubik,* Hrsg., Spieltheorie und Sozialwissenschaften, 1965, S. 378 ff. Speziell für die Soziologie *Volker Hauff, Friedrich Latzelsberger,* Simulationsmodelle in der soziologischen Forschung, in: *Rul Gunzenhäuser,* Hrsg., Nicht-numerische Informationsverarbeitung, 1968, S. 127 (144-147). Neuerdings *Horst Koller,* Simulation und Planspieltechnik, 1969, S. 167-193; *Thomas H. Naylor,* ed., Computer Simulation Experiments with Models of Economic Systems, 1971, an verschiedenen Stellen, bes. p. 36 et s., 83 et s., 147 et s. Ferner *Dimitris N. Chorafas,* Systems and Simulation, 1965.

[39] Näher *Koller,* aaO (Fußn. 38).

[40] Zu Modellbau und Systemanalyse in diesem Zusammenhang *McMillan, Gonzales* loc.cit. (Fußn. 6), p. 27 et s., 29.

[41] *W. Ross Ashby,* Simulation of a brain, in: *Harold Borko,* ed., Computer Applications in the Behavioral Sciences, Englewood Cliffs, 1962, p. 453-467; *Olaf Helmer, Nicholas Rescher,* On the Epistemology of the Inexact Sciences, Management Science, vol. 6 (1959), No. 1, p. 25-52 (41, 48 et s.): Experten als Teile der Simulation.

[42] Damit sind die Gebiete gemeint, die oft auch als Operations Research, Management Science, Business Administration, Theory of the Firm, Marketing Theory, Administrative Behavior etc. bezeichnet werden.

und mehr als Entscheidungslehre konzipierten Betriebswirtschaftslehre[43] richtet sich das Interesse des Systembetrachters entweder auf einen Teilbereich des Unternehmens, auf die interne Entscheidungsbildung im Unternehmen oder auf das Verhalten des Unternehmens im Markt gegenüber Konsumenten und Konkurrenten.

a) Mit einem Teilbereich des Unternehmens befaßt sich die Absatzsimulation durch *Shycon* und *Maffei*[44]. Die Aufgabe war, für einen amerikanischen Lebensmittelkonzern durch Änderung im Versand Kostenersparnisse zu erzielen. Bei der Größe und Komplexität des Systems (etwa 4000 über die ganzen USA verstreute Großkunden, 10 konzernangehörige Produktionsstätten, 40 Auslieferungsläger) erschien die Simulation die einzige Möglichkeit, dieses analytisch nicht mehr zu bewältigende Optimierungsproblem zu lösen. So wurden im Rahmen einer Simulation Zahl und Standorte der Läger verändert und die Auswirkungen auf Transport-, Versandkosten und Lieferbereitschaft für verschiedene Konstellationen durchgerechnet. Die Anzahl derartiger spezieller, auf bestimmte Produktions-, Absatz- und Planungsprobleme zugeschnittener Teilbereichsmodelle ist sehr groß[45]. Viele bleiben firmenintern.

b) Die herkömmliche Theorie des Unternehmens betrachtet das Unternehmen als „black box"[46]. Das Unternehmen als solches reagiert auf die Umwelt und richtet sich nach Marktzwängen, Konkurrenz, Konsumentenpräferenzen, rechtlichen Schranken usw. Demgegenüber interessiert heute immer mehr nicht nur die nach außen tretende Entscheidung „des Unternehmens", also eines einzelnen Unternehmensinhabers oder -repräsentanten, sondern der Prozeß der internen Entscheidungsbildung im System Unternehmen. Bei einem solchen Forschungsobjekt wird die Wichtigkeit der Simulation deutlich. Mit Hilfe der Simulation kann nämlich dieses Systemverhalten im Modell nachgebildet und experimentell untersucht werden.

Ein sehr bekannt gewordenes Beispiel für diese Art der Simulation ist *Bonini's* Simulation des Firmenverhaltens[47]. *Bonini's* Unternehmen ist ein hierarchisch

---

[43] *G. P. E. Clarkson, H. A. Simon,* Simulation of individual and group behavior. Am.Ec.Rev. 50 (1960) 920-931 (922). Zu einer deutschsprachigen Darstellung der Betriebswirtschaftslehre als Entscheidungslehre vgl. *Edmund Heinen,* Einführung in die Betriebswirtschaftslehre, 1968, mit Nachweisen.

[44] *Shycon, Maffei,* loc.cit. (Fußn. 14). Auch *Martin L. Gerson, Richard B. Maffei,* Technical Characteristics of Distribution Simulators, Management Science, vol. 10 (1963), No. 1, p. 62-69.

[45] Der gesamte Bereich der Optimierungsprobleme wird dabei bestrichen: Lagerhaltungssysteme; Produktionskapazität, Ausnutzungsgrad; Warteschlangenprobleme; Maschinen-, Fließband-, Werkbelegung; Transportprobleme; Ermittlung optimaler Losgrößen usw. Es genügt ein Blick in die einschlägigen Zeitschriften wie Operations Research, Management Science usw. Dazu auch *Thomas H. Naylor,* Computer Simulation Experiments with Models of Economic Systems, 1971, ch. 3: Management Science Models.

[46] Dazu *Charles P. Bonini,* Simulation of Information and Decision Systems in the Firm, 1963 (1965), p. 4.

[47] *Charles P. Bonini,* loc.cit. (Fußn. 46); *Bonini,* Simulating Organizational Behavior, in: *W. W. Cooper, H. J. Leavitt, M. W. Shelly II,* New Perspectives in Organization Research, New York, London, Sydney, 1964, p. 277-288; *Bonini,* Simulation of Organizational Behavior, in: *Charles P. Bonini, Robert K. Jaedicke, Harvey M. Wagner,* Management

strukturiertes, aus mehreren Untersystemen zusammengesetzes System, dessen Verhalten nach außen von dem internen Informations-, Planungs- und Entscheidungsprozeß zwischen den einzelnen Untersystemen und innerhalb dieser abhängt. *Bonini* versucht dabei zu zeigen, wie trotz gleichbleibender Umwelt- und Marktbedingungen das reaktive Verhalten des Unternehmens von dieser seiner inneren Struktur abhängt. Interessant ist der Gedanke, mittels eines „index of felt pressure" das Verhalten des einzelnen Individuums aus dessen Stellung zwischen gleich- und gegenläufigen Pressionen anderer Individuen und Gruppen innnerhalb des Unternehmens in den Griff zu bekommen.

c) Die Simulation läßt sich auch auf das Verhalten des Unternehmens im Markt bei variierenden Marktbedingungen und gegenüber Konkurrenten und Konsumenten anwenden.

Da sind etwa die „industrial dynamics"-Modelle von *Forrester*[48], die als Systemkomponenten u. a. Fabriken, Lagerhäuser, Großhändler, Einzelhändler und Verbraucher aufweisen. Ausgehend von solchen Ansätzen könnte eine Simulation aufzeigen, welche Werbestrategie die Firma im Netz ihrer Umweltbeziehungen am ehesten befolgen sollte. *Cyert* und *March*[49] haben mit großem Erfolg für die Preis- und Bestellstrategie eines Kaufhauses den Modellansatz einer Computersimulation bei oligopolistischer Marktstruktur erarbeitet. In ähnliche Richtung kann die Suche nach optimalen Investitionsstrategien gehen[50].

Zu dem Problem des Investment und der Wertpapierauswahl durch Effektensachbearbeiter der Banken hat *Clarkson*[51] eine interessante Simulation durchgeführt. *Clarkson's* Modell ist aufgrund detaillierter Beobachtung des Beratungsverhaltens solcher Bankangestellten konzipiert. Zu berücksichtigen sind auf der einen Seite die vorhandenen Informationen über die verschiedenen Effektenanlagemöglichkeiten, wie Kurs, Dividende, Zins, Rendite, Umsatz, Börsenprognosen, Branchenaussichten, gesamtwirtschaftliche Tendenz usw. Auf

---

Controls, New York, 1964, p. 91 et s. Referierend auch *Peter Mertens*, Simulation, 1969, S. 53 ff.

[48] *Jay W. Forrester*, Industrial Dynamics, 3d printing, 1964, Cambridge, Mass., *Jay W. Forrester*, Industrial Dynamics, Harv.Bus.Rev. 36 (1958), No. 4, p. 37-66.

[49] *Richard M. Cyert, James G. March*, The Behavioral Theory of the Firm: A Behavioral Science-Economics Amalgam, in: *W. W. Cooper, H. J. Leavitt, M. W. Shelly II*, eds., New Perspectives in Organization Research, New York, London, Sydney, 1964, p. 289-304; *Richard M. Cyert, James G. March*, eds., A Behavioral Theory of the Firm, Englewood Cliffs, 1963, p. 128 et s.; vgl. ebenda, *Kalman J. Cohen, Richard M. Cyert*, Computer Models in Dynamic Economics, p. 312-325; ferner *Richard M. Cyert, E. A. Feigenbaum, James G. March*, Models in a Behavioral Theory of the Firm, Behavioral Science, vol. 4 (1959), 81-95.

[50] Vgl. (nicht spezifisch zur Simulation) *Fred Hanssmann*, Operations Research Techniques for Capital Investment, New York, London, 1968.

[51] *Geoffrey P. E. Clarkson*, Portfolio Selection: A Simulation of Trust Investment, Prentice Hall, 1962, 2d ed., 1968; *Geoffrey P. E. Clarkson*, A model of trust investment behavior, in: *Kalman J. Cohen, Frederick S. Hammer*, eds., Analytical Methods in Banking, Homewood, Ill., 1966, p. 340-354; *Geoffrey P. Clarkson*, A model of trust investment behavior, in: *Richard M. Cyert, James G. March*, eds., A behavioral theory of the firm, Englewood Cliffs, 1963, p. 253-267; ferner *Jerome B. Cohen, Edward D. Zinbarg*, Investment Analysis and Portfolio Management, Homewood, Ill., 1967, ch. 20 (p. 755 et s.).

der anderen Seite sind die Kundenwünsche Richtschnur für den Rat des Angestellten, also schneller Gewinn bei höherem Risiko, langfristige Anlage, hohe Liquidität, Standardwerte und selbstverständlich Betrag der anzulegenden Summe. Das erstaunliche Ergebnis dieser Simulation war, daß sich schließlich Computerratschläge mit den tatsächlich erteilten in geradezu überraschender Weise deckten.

2. Auch in der Makroökonomik zeichnet sich der Einsatz der Simulationstechnik ab, sind doch hier Komplexität und Datenmenge besonders hinderlich und Voraussagen besonders nötig. Wegbereiter für diesen Einsatz sind die zunächst noch analytischen Versuche, dynamische Modelle von ganzen Volkswirtschaften zu konstruieren, an Hand derer durch Input-Output-Kontrolle Strukturveränderungen und Wachstum der einzelnen Systemkomponenten (z. B. regionale Industrien) und des wirtschaftlichen Gesamtsystems untersucht werden können[52].

Mit dem Ziel, eine rationale Entwicklungspolitik für unterentwickelte Länder anzusteuern, haben *Holland* und *Gillespie*[53] unter Heranziehung der Bevölkerungs- und Wirtschaftsstatistik Indiens für 1951 und 1952 ein Modell gebaut, an dem durch Simulation die Konsequenzen verschiedener Entwicklungspolitiken für die Volkswirtschaft des Landes ausgetestet wurden. Im Vordergrund standen dabei Alternativpläne über die Steuerung der Investitionen in ihren langfristigen Auswirkungen auf das Sozialprodukt, auf die Preisentwicklung, auf die Handels- und Zahlungsbilanz, auf die Vollbeschäftigung usw. Daß bei einem Entwicklungsland die empirische Datenbasis sehr dünn ist, schien die Simulation

---

[52] Z. B. das Leontieff'sche dynamische Modell der Wirtschaft der USA. *Wassily Leontieff*, Studies in the Structure of the American Economy. Theoretical and Empirical Explorations in Input-Output-Analysis, 1953. Berühmt wurden die Klein-Goldberger Modelle der Wirtschaft der USA. Diese drei Modelle bestehen aus jeweils 15-20 verschiedenen mathematischen Gleichungen und einer Großzahl von Variabeln. Sie beanspruchen, das Verhalten der amerikanischen Volkswirtschaft in ihrem Wachstum nachzubilden. Die erzielten Testergebnisse schnitten im Vergleich zu den empirischen Daten recht gut ab. *Lawrence R. Klein, Arthur S. Goldberger*, An Econometric Model of the United States 1929-1952, Amsterdam, 1955; dazu auch *Carl F. Christ*, Aggregate Econometric Models, Am. Ec. Rev. 46 (1956) 385-408. Eine kritische Würdigung dieses Modells geben *Irma Adelman, Frank L. Adelman*, The Dynamic Properties of the Klein-Goldberger-Model, Econometrica 27 (1959), 596-625. Ein anderes Gesamtmodell der US-Wirtschaft ist das Brookings-Modell von Duesenberry und anderen. *James S. Duesenberry, Gary Fromm, Lawrence Klein, Edwin Kuh*, eds., The Brookings Quarterly Econometric Model of the United States, Amsterdam, London, Chicago, 1965; dieselben, The Brookings Model: Some Further Results, Amsterdam, London, Chicago, 1969. Vgl. auch für ein Modell, das vierteljährlich die Bewegungen des nationalen Volkseinkommens der USA im Zusammenhang mit Konsum und Investitionsrate nachzubilden versucht, *James S. Duesenberry, Otto Eckstein, Gary Fromm*, A Simulation of the United States Economy in Recession, Econometrica 28 (1960) 749-809. Weitere Versuche durch *I. Adelman*, Long Cycles – A Simulation Experiment, in: *A. C. Hoggatt, F. E. Balderston*, Symposium on Simulation Models: Methodology and Application to the Behavioral Sciences, Cincinnati, 1963, p. 1952 et s.; *F. de Leeuw*, Financial Markets in Business Cycles: A Simulation Study, Am.Ec.Rev. 54 (1964) 309-343.

[53] *E. P. Holland, R. W. Gillespie*, Experiments on a Simulated Underdeveloped Economy: Development Plans and Balance-of-Payments Policies, Cambridge, 1963.

hier zunächst in Frage zu stellen. Um so wichtiger war dann die im Laufe des Versuchs gewonnene Erfahrung, daß bei großer Unsicherheit und Streubreite der empirischen, in das Modell einfließenden Daten zwar weniger exakte Prognosen gewagt werden können, aber deutlich die Abhängigkeit erwünschter oder unerwünschter Systemverhaltensweisen von ganz bestimmten strategisch wichtigen Daten zu ersehen ist. Die Simulation hat sich dadurch als ein wichtiges Instrument gerade auch dort erwiesen, wo sie mangels zuverlässiger Information über die Realität auch keine zuverlässigen Rückschlüsse aus dem Modell auf diese zuläßt: Sie zeigt nämlich Möglichkeiten realtiv optimaler Strategien bei geringen Informationen sowie Schwerpunkte für detaillierte Informationsgewinnung unter bestimmten Zielaspekten.

3. In der Soziologie und Politologie gewinnen die Simulation und formalisierte Modelle ebenfalls an Boden[54]. Zwei Beispiele seien herausgegriffen.

Orcutt und andere[55] haben für die USA ein demographisches Simulationsmodell aufgestellt. Ziel der Simulation war es, Aussagen über die Gesamtentwicklung der Bevölkerung, ihre Zusammensetzung und bestimmte Interdependenzen zu ermöglichen. Die Systemkomponenten des Modells sind Individuen und Gruppen von Individuen (Ehen, Familien). Die simulierte Bevölkerungsentwicklung resultiert aus dem „Schicksal" dieser Systemkomponenten, für die in Perioden von einem Monat ermittelt wird, ob Abgänge (z. B. bei Individuen Tod oder Heirat und bei Familien Scheidung) oder Zugänge (z. B. Geburt, Eheschließung) zu verzeichnen sind. Die Operationscharakteristiken sind stochastischer Art. Als Datenmaterial diente ein repräsentativer Querschnitt der amerikanischen Bevölkerung von etwas über 10.000 Individuen. Simuliert wurde für den Zeitraum von 1950 bis 1960.

Frappierend ist das Simulmatics-Modell[56], das zur Erkenntnis der optimalen Wahlkampfstrategie im Präsidentschaftswahlkampf *Kennedy* gegen *Nixon* 1960 führen sollte. Ausgangspunkt war die Frage, ob der Katholik *Kennedy* im Wahlkampf offen zu seiner Konfessionszugehörigkeit Stellung nehmen oder diese nicht zu einer „issue" machen sollte. Für die Simulation wurde zunächst umfangreiches Datenmaterial gesichtet und neu gesammelt. Trotz der vorhandenen und brauchbaren Daten von 50 Meinungsumfragen der vorausgegangenen Jahre

---

[54] Eine Zusammenstellung der überwiegend amerikanischen Literatur geben *Hauff, Latzelsberger,* aaO (Fußn. 38). Auch *Renate Mayntz,* Hrsg., Formalisierte Modelle in der Soziologie, 1967; *Martin Shubik,* Spieltheorie und Sozialwissenschaften, 1965; *Renate Mayntz,* Anwendung der Kybernetik in der Soziologie, in: *Helmar Frank,* Hrsg., Kybernetische Maschinen, 1964, S. 379-385.

[55] *Guy H. Orcutt, Martin Greenberger, John Korbel, Alice M. Rivlin,* Microanalysis of Socioeconomic Systems. A Simulation Study, New York, 1961; *Orcutt,* Simulation of Economic Systems, Am.Ec.Rev. 50 (1960) 893-907; *Orcutt,* Views on Simulation and Models of Social Systems, in: *A. C. Hoggatt, F. F. Balderston,* loc.cit. (Fußn. 52), p. 221.

[56] *Ithiel de Sola Pool, Robert P. Abelson, Samuel L. Popkin,* Candidates, Issues, and Strategies, A Computer Simulation of the 1960 and 1964 Presidential Elections, Cambridge, Mass., 1965; *Ithiel de Sola Pool, Robert P. Abelson,* The Simulmatics Projekt, in: *Harold Guetzkow,* ed., Simulation in Social Sciences: Readings, Englewood Cliffs, 1962, p. 70-81; vgl. auch die Schilderung bei *Hauff, Latzelsberger,* aaO (Fußn. 38), S. 133-137.

wurde für diese Arbeit rund ein Jahr benötigt. Die Bevölkerung der USA wurde dabei in 480 sozialstatistische Gruppen eingeteilt, für die sich besondere problemrelevante Merkmale ergaben, z. B. Religion, Rasse, Geschlecht, Stadt-Land-Zugehörigkeit, geographische Region, sog. sozio-ökonomischer Status usw. Mittels weiterer Präzisierung (z. B. Parteianhängerschaft, politische, soziale und andere Einstellungen usw.) wurden schließlich 52 Variabeln für jede der 480 Gruppen ermittelt. Die Operationscharakteristiken wurden teils aufgrund sozialwissenschaftlicher Theorien, teils aufgrund politischen Erfahrungswissens gebildet[57]. Das Modell ließ sich zuletzt wider Erwarten drastisch vereinfachen und bestand dann aus zwei Wahlkampfstrategien und fünf Gleichungen. Trotz dieser äußerst reduzierten Komplexität des Modells erwies es sich als überaus leistungsfähig.

Die hier vorgestellten Modelle haben – wie aus den empirischen Vergleichsdaten entnommen werden konnte – mit zum Teil beachtlichem Erfolg die Realität nachgebildet. Das darf freilich nicht darüber hinwegtäuschen, daß es schwierig ist, menschliches Verhalten in festen Entscheidungsregeln niederzulegen[58]. Für soziales und politisches Verhalten gilt das in noch größerem Umfang als für wirtschaftendes Verhalten, obwohl neuerdings auch in den Wirtschaftswissenschaften die Vorstellung von dem rational entscheidenden Wirtschaftssubjekt realistischeren Ansätzen Platz macht[59]. Läßt sich menschliches Verhalten allenfalls als beschränkt rational bezeichnen, liegt es nahe, die Menschen selbst an dem Experiment am Modell teilnehmen zu lassen. Nur die äußeren Bedingungen müssen dann simuliert werden, nicht das menschliche Verhalten selbst. Oder genauer: Das menschliche Verhalten (von Gruppen, Regierungen, Unternehmen usw.) wird durch menschliches Verhalten (der Versuchspersonen oder -teams) simuliert. Wir haben es dann mit einem Planspiel zu tun.

C. Planspiele[60]: Einsatz und Methode in Forschung und Ausbildung

1. Im Spiel lernt und übt das Kind seine eigenen Aktionsmöglichkeiten und sammelt Erfahrungen über Eigenschaften, Verhalten und Reaktion seiner materiellen und sozialen Umwelt. Diese wichtige Rolle des Spiels bei der kind-

---

[57] Vgl. auch mit Nachweisen *Klaus Hopt*, Die Dritte Gewalt als politischer Faktor, 1969, S. 143, 149 ff.

[58] *Robert Boguslaw, Robert H. Davis*, Social Process Modeling: A Comparison of a Live and Computerized Simulation, Behavioral Science, vol. 14 (1969), 197-203.

[59] Kurz einführend *Edmund Heinen*, Einführung in die Betriebswirtschaftlehre, 1968, S. 43 ff. So schon länger in der amerikanischen Literatur zur Organisationstheorie, z. B. *James G. March, Herbert A. Simon*, Organizations, 7th printing, New York, 1966; auch *Richard M. Cyert, James G. March*, A Behavioral Theory of the Firm, 1963, p. 99.

[60] Zum Plan- und Unternehmensspiel seien herausgegriffen: *G. R. Andlinger*, Business Games – Play One!, Harv.Bus.Rev. 36 (1958), No. 2, p. 115-125; Arbeitskreis Gamer, Unternehmungsspiele und ihre Bedeutung für die betriebswirtschaftliche Ausbildung an Hochschulen, Z. f. handelswiss. Forsch. 15 (1963) 149-190; *Richard F. Barton*, A Primer on Simulation and Gaming, Englewood Cliffs, 1970; *Knut Bleicher*, Entscheidungssimulation und Unternehmungsspiele, Zeitschrift für Betriebswirtschaft 1962, 15-30; *Knut Bleicher*, Unternehmungsspiele, Simulationsmodelle für unternehmerische Entscheidun-

lichen Erfassung der Realität ist in der Entwicklungspsychologie erforscht und belegt worden[61]. Aber auch der Erwachsene ist in vielfältiger Weise ein homo ludens. Diesen Urtrieb macht sich das Planspiel zunutze: Der Spieler lernt spielend, was in dem Planspiel über die Realität ausgesagt ist.

Die ersten derartigen Planspiele sind militärischer Art[62]. *Scharnhorst* und *Gneisenau* gehören zu ihren Vätern. Waren die damaligen Kriegsspiele der Generalstäbler noch einfach konstruiert, haben die modernen technischen Möglichkeiten, besonders der Computereinsatz, Bedeutung und Verbreitung dieser Technik sehr gefördert und gleichzeitig neben der Lehrfunktion auch den Charakter eines Hilfsmittels für den experimentierenden Forscher hervortreten lassen. So sagt man, daß der amerikanische Präsident sich nach einem „durchgespielten" Krieg gegen China gegen die Ausweitung des Koreakriegs entschlossen habe[63].

Außerhalb des militärischen Bereichs liegen die Hauptanwendungsgebiete der Planspieltechnik heute in der Betriebswirtschaftslehre und in der Politikwissenschaft, soweit sie sich mit den internationalen Beziehungen befaßt. Beides kommt nicht von ungefähr. Sind militärische Aktionen nur eine Form der (Re-) Aktion eines Staates im Rahmen seiner internationalen Beziehungen, liegt es nahe, auch andere Verhaltensmöglichkeiten in der internationalen Politik „nachzuspielen"[64]. Das führt vom Kriegsspiel zu diplomatischen und Friedens-Spielen. Ähnlich verlief die Entwicklung der Unternehmensspiele. Eines der ersten betriebswirtschaftlichen Planspiele wurde von der Rand-Corporation entwickelt. Es behandelt Fragen der Organisation des Nachschubwesens der

---

gen, 1962; *Kalman J. Cohen, Eric Rhenman,* The Role of Management Games in Education and Research, Management Science, vol. 7 (1961), No. 2, p. 131-166; *W. R. Dill, J. R. Jackson, J. W. Sweeney,* eds., Proceedings of the Conference on Business Games as Teaching Devices, New Orleans, 1961; *Jay R. Greene, Roger L. Sisson,* Dynamic Management Decision Games, 2d ed., New York, 1962; *Paul S. Greenlaw, Lowell W. Herron, Richard H. Rawdon,* Business Simulation in Industrial and University Education, Englewood Cliffs, 1962; *Paul S. Greenlaw, William Frey,* Finansim, A financial management simulation, Scranton, 1967; *Harold Guetzkow,* Eine Anwendung der Simulationstechnik auf die Untersuchung zwischenstaatlicher Beziehungen, in: *Martin Shubik,* Spieltheorie und Sozialwissenschaft, 1965, S. 286-295; *Harold Guetzkow, A. E. Bowes,* The Development of Organization in a Laboratory, Management Science, vol. 3 (1957), No. 4, p. 380-402; *Horst Koller,* Simulation und Planspieltechnik, Berechnungsexperimente in der Betriebswirtschaft, 1969; *J. S. McGuiness,* A Managerial Game for an Insurance Company, Operations Research, vol. 8 (1960), No. 2, p. 196-209; *Max Rehm,* Das Planspiel als Bildungsmittel, 1964; *Heinz Sauermann, Reinhard Selten,* Ein Oligopolexperiment, ZGesStW 115 (1959) 427-471; *Eugen H. Sieber,* Das Planspiel unternehmerischer Entscheidungen, in: *Adolf Angermann,* Hrsg., Betriebsführung und Operations Research, 1963, S. 80—123; *Hans B. Thorelli, Robert L. Graves,* International Operations Simulation, Design and Use of Management Games, New York, 1964; *S. Vance,* Management Decision Simulation: a Noncomputer Business Game, Mc Graw Hill, New York, 1960.

[61] Einführend z. B. *Charlotte Bühler,* Psychologie im Leben unserer Zeit, 1962, S. 166 ff.

[62] Dazu mit Nachweisen *Knut Bleicher,* Unternehmungsspiele, 1962, S. 31-40.

[63] Vgl. *Fritjof Haft,* Elektronische Datenverarbeitung im Recht, 1970, S. 101, Fußn. 443.

[64] *Harold Guetzkow,* Simulation in International Relations, Englewood Cliffs, 1963; ferner die zahlreichen Nachweise bei *Hauff, Latzelsberger,* aaO (Fußn. 38), S. 144-147.

amerikanischen Luftwaffe[65]. Seit 1957 nahmen dann Art und Zahl dieser betriebswirtschaftlichen, nunmehr vom militärischen Bereich gänzlich gelösten und primär zur Ausbildung von Führungskräften eingesetzten Unternehmensspiele sprunghaft zu und heute gibt es eine Vielzahl von Planspielen, z. B. allgemeine Unternehmensspiele, Unternehmensbereichsspiele, auf ganz bestimmte Einzelunternehmen zugeschittene Spiele, Spiele, die bestimmte Branchen, Märkte, internationale Unternehmen nachbilden usw.[66].

2. In Anlage und Konstruktion sind die Planspiele sehr unterschiedlich. Manche sind nur für eine Person gedacht; ihr Gegenpart ist der Computer. Andere sind Vielpersonenspiele. Die Spieler können miteinander, nebeneinander oder gegeneinander spielen. Sie könnnen auch interagieren, entweder nur über die Adresse des Spielleiters oder „face to face". Gruppen können sich bilden. Meist steht der kompetitive Charakter im Vordergrund. Manche Spiele werden ohne Rechenmaschinen gespielt. Bei anderen erlaubt erst der Computereinsatz die unerläßliche Verwertung der umfänglichen Daten. Gelegentlich spielt der Computer sogar die Rolle eines Mitspielers neben anderen Spielern. Die Spieler sind in ihrer Entscheidung im Spiel manchmal ganz frei, manchmal an bestimmte Regeln gebunden.

Diese bunte Palette von Planspielarten erweckt den Anschein, daß das Planspiel sich methodisch von der Simulation wesentlich unterscheide. Beim Planspiel greift nämlich irrationales oder doch beschränkt rationales menschliches Verhalten unmittelbar in den Ablauf ein und die Variationen in Spielaufbau und Spielregeln sind praktisch unbegrenzt. Dennoch läßt sich zeigen, daß die methodische Schrittfolge beim Planspiel mit nur geringfügigen Abweichungen dem Ablauf der Simulation entspricht (Abb. 2).

In den vier Schritten der *ersten Stufe* wird das Planspiel konstruiert, erfunden. Diese Stufe bleibt nur deshalb oft unerwähnt, weil bei den Planspielen das Spiel mit seinen Regeln, seinem Drehbuch und seinen Daten meist schon vorliegt und es nur noch darum geht, dieses Spiel mit den Teilnehmern tatsächlich durchzuführen.

Erster Schritt ist die Formulierung des Problems. Wichtig ist, ob mit Hilfe des Planspiels etwas untersucht werden soll (Forschungsplanspiel) oder ob das Spiel zu pädagogischen Zwecken dient (Ausbildungsplanspiel). Je nachdem muß das Problem anders ausgesucht und angepackt werden. Der oben bei der Simulation betonte Vorrang der analytisch-deduktiven Methode verliert an Gewicht, weil es hier um menschliches Verhalten geht und dieses Verhalten der

---

[65] Monopologs im Jahre 1955. Vgl. *Paul S. Greenlaw, Lowell W. Herron, Richard W. Rawdon,* Business Simulation in Industrial and University Education, 1962, p. 14. Als Pionierspiel wird ferner betrachtet die Top Management Decision Simulation, entwickelt von der American Management Association, 1957. Vgl. *Greenlaw, Herron, Rawdon,* loc.cit., p. 14. Als Pionierspiel wird ferner betrachtet die Top Management Decicion Simulation, entwickelt von der American Management Association, 1957. Vgl. *Greenlaw, Herron, Rawdon,* loc.cit., p. 13, 15. Auch die Nachweise bei *Horst Koller,* Simulation und Planspieltechnik, 1969, S. 95.

[66] *Greenlaw, Herron, Rawdon,* loc.cit. (Fußn. 65), p. 273-341, beschreiben nicht weniger als 89 Spiele in Stichworten.

1. Stufe:
Erfindung des Planspiels

2. Stufe
Durchführung des Spiels

3. Stufe:
Auswertung und Rückschlüsse auf die nachgespielte Realität

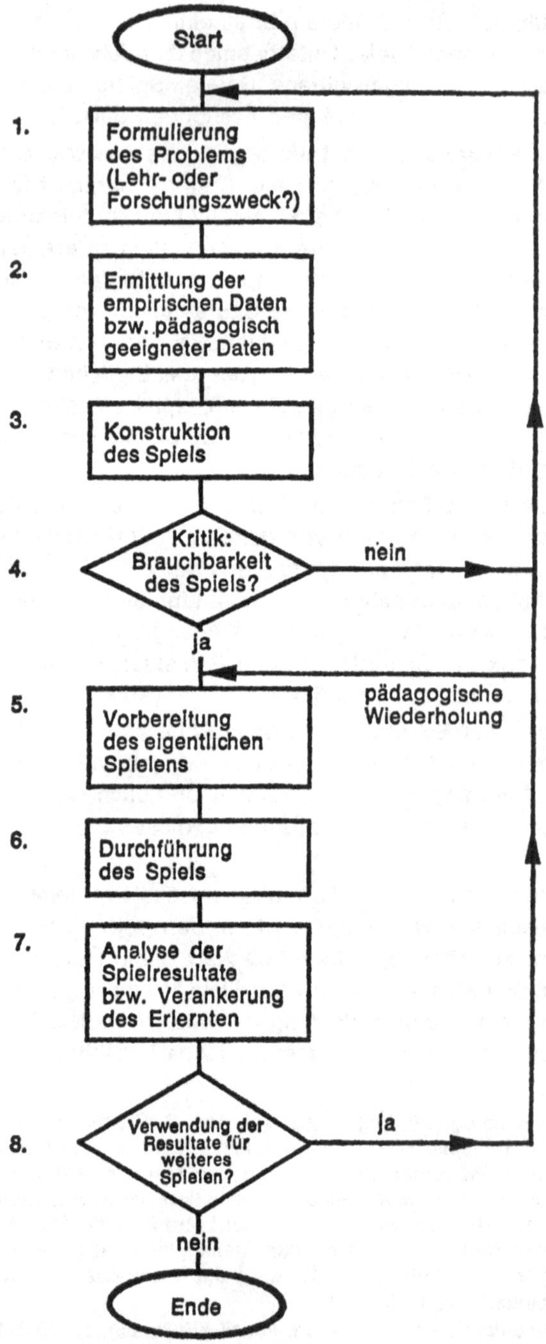

Abbildung 2

Mitspieler nicht ersetzbar ist. Doch ist auch hier zu überlegen, ob das Forschungs- oder Ausbildungsziel nicht auch oder besser anders erreicht werden kann, sei es durch Simulation, sei es mit herkömmlichen Methoden.

Dann muß je nach Intention des Spiels der reale Datenkranz ermittelt und bearbeitet werden. Dieser Schritt wird im Vergleich zur Simulation dadurch erleichtert, daß das Entscheidungsverhalten nicht nachgebildet, sondern „life" gespielt wird. Jedenfalls bei den Ausbildungsspielen müssen lediglich sinnvolle, realitätsnahe Regeln für Aktionen und Reaktionen gebildet werden, im übrigen sind die Spieler frei.

Auch bei der sich anschließenden Konstruktion des Planspiels mildert sich der Rigorismus der Simulation. Die Realität muß strikt nur bei Forschungsplanspielen abgebildet werden. Dort geht es ja darum, Aufschlüsse über vermutliches Verhalten realer, durch die Spieler repräsentierter Staaten, Regierungen, Gruppen, Unternehmer usw. zu erhalten. Soll dagegen allgemeines menschliches Verhalten etwa unter Konkurrenzdruck oder in der Gruppe erforscht werden, so ist die Realität weitgehend schon dadurch präsent, daß reales menschliches Verhalten der Spieler mitwirkt. Bei den Ausbildungsplanspielen bestimmt der Lehrinhalt den Grad der Realitätsnähe. Sollen allgemeine Einsichten vermittelt und Zusammenhänge nahegebracht werden, kann es pädagogisch besser sein, die Realität im Modell strikt zu vereinfachen oder – etwa um einen besonders nachhaltigen Lernerfolg zu bewirken – einen Effekt stärker als in der Wirklichkeit zur Auswirkung kommen zu lassen. Schließlich können Planspiel und Simulation verwoben werden, so wenn zahlreiche komplizierte Berechnungen und Entscheidungen von den Spielern verlangt werden, wie etwa bei dem bekannten Carnegie Tech Management Game[67], oder wenn der Computer als Mitspieler oder Entscheidungshilfe eingesetzt wird.

Der vierte Schritt, Kritik und Frage nach der Brauchbarkeit des erfundenen Spiels für den intendierten Forschungs- oder Ausbildungszweck, deckt sich mit dem bei der Simulation.

In der *zweiten Stufe* folgt die eigentliche Veranstaltung des Planspiels. Zunächst wird im fünften Schritt die Planspielregie im einzelnen vorbereitet, also personelle und technische Organisation, Aussuchen und Einweisen der Spieler, Erstellung der Umweltbedingungen, unter denen gespielt werden soll, usw.

Im sechsten Schritt wird das Spiel von den Mitspielern unter Überwachung und je nach Spielart auch leitender Mitwirkung des Spielleiters durchgespielt. Entsprechend den jeweiligen Entscheidungen des Spielers oder der Spielgruppe läßt sich das Spiel, besonders wenn es kompetitiven Charakter hat, in einzelne Spieletappen unterteilen. Der Aktion folgt die Reaktion usw. bis zum Ende des Spiels, etwa wenn die eine Seite ihre Chips verloren hat. Die Rückkopplung erfolgt von Spielschritt zu Spielschritt aus der Bestätigung oder Korrektur des antizipierten gegnerischen Verhaltens durch das tatsächlich im Spiel getätigte. Andere Spiele werden nur in zwei sich wiederholenden Spieletappen gespielt.

---

[67] *K. J. Cohen, R. M. Cyert, W. R. Dill, A. A. Kuehn, M. H. Miller, T. A. van Wormer, P. R. Winters,* The Carnegie Tech Management Game, J. of Business vol. 33 (1960) 303-321.

Der Spieler testet hintereinander die Reaktion im Modell auf verschiedene Strategien.

Die Auswertung der Spielergebnisse und die Rückübertragung auf die Realität folgt in der *dritten Stufe.* Unterschiede ergeben sich wiederum zwischen Forschungs- und Ausbildungsplanspielen. Bei ersteren entspricht die Analyse (siebter Schritt) der bei der Simulation. Bei letzteren kommt die pädagogische Erklärung, Richtigstellung und Verankerung des im Spiel Gelernten hinzu.

Schließlich wird im achten Schritt entschieden, ob die im Spiel und mit dem Spiel gemachten Erfahrungen Anlaß zur Um- oder Neugestaltung des Spiels geben – hier könnte wie bei der Simulation von einem strategischen oder Modelltest-Planspiel gesprochen werden – oder ob die Erfahrungen der Mitspieler in einem erneuten Durchlauf der eigentlichen Spielphase (zweite Stufe) gefestigt und internalisiert werden sollen.

II. Simulation und Planspiel: Perspektiven für Recht und Gesetzgebung[68]

Simulation und Planspiel haben sich bei der Betrachtung ihrer Methodik und ihrer Anwendungsversuche als allgemeine, nicht auf eine bestimmte Disziplin beschränkte Methoden der Forschung und Lehre erwiesen. Mit ihrer Hilfe kann es gelingen, das Verhalten realer Systeme nachzubilden, Interdependenzen, zu erkennen, Prognosen über Eingriffe in diese realen Systeme zu gewinnen und optimale Strategien zur Durchsetzung bestimmter Ziele zu finden. Voraussetzung für die Anwendung der Simulation und des Planspiels in Recht und Gesetzgebung ist, daß diese Fragestellungen überhaupt interessieren. Bestreitet man also für die richterliche Tätigkeit das Vorliegen finaler Strukturen und interessiert sich der Jurist als solcher nur für das fertige Gesetzesprodukt, dann bleibt für die Methoden der Simulation und des Planspiels verständlicherweise *in* der Rechtswissenschaft kein Bedürfnis und kein Tätigkeitsfeld. Die Aufgaben der Gesetzesplanung, der Prognose von Gesetzes-

---

[68] Die Literatur ist spärlich. Meist wird nur allgemein festgestellt, der Weg komme in Betracht. Z. B. *Malte von Berg,* Automationsgerechte Rechts- und Verwaltungsvorschriften, 1968, S. 120 f; *Fritjof Haft,* Elektronische Datenverarbeitung im Recht, 1970, S. 79 f, 100; *Spiros Simitis,* Informationskrise des Rechts und Datenverarbeitung, 1970, S. 89 ff; *Franz Wieacker,* Recht und Automation, in: Festschrift für Bötticher, 1969, S. 383 (402/403); auch *Ulrich Klug, Herbert Fiedler,* Die Berücksichtigung der automatisierten Gesetzesausführung in der Gesetzgebung, Deutsche Rentenversicherung 1964, 269 (273); *John C. Lyons,* Computers in Legislative Drafting: An Aid or a Menace, 51 Am. Bar Assoc. J. 591 (1965); zum kybernetischen Aspekt *Karlheinz Kannegießer, Gerhard Kelm,* Das Vertragssystem unter dem Systemaspekt der Kybernetik, Staat und Recht 1965, 31-43 (35 ff); mehr in Richtung einer automatischen Subsumtion bzw. der Schaffung eines Typenprogramms, *A. F. Dejew, L. B. Galperin, Ju. T. Iwanow,* Die Kybernetik und die Erfahrungen bei der Lösung einiger rechtlicher Aufgaben, Staat und Recht 1965, 289-300 (290 ff). Für das Planspiel außer den bisher Genannten besonders *Udo Klausa,* Das Verwaltungsplanspiel, Sonderdruck (aus Mitteilungen der kommunalen Gemeinschaftsstelle für Verwaltungsvereinfachung, KGSt) 1963; *Max Rehm,* Das Planspiel als Bildungsmittel, 1964, S. 53 ff, 64 ff (zum Verwaltungsplanspiel); Die Mehrwertsteuer, ihre abrechnungstechnischen Probleme bei der Anwendung in der Praxis, Ergebnisse eines Planspiels, 4. Aufl., 1967. Vgl. auch Bericht *Armin Draber,* Gruppendynamik für Juristen? NJW 1970, 601.

und Urteilsauswirkungen, der Quantifizierung von juristischen Steuereffekten, der Nachbildung gesetzgeberischen, richterlichen und anderen Verhaltens, bestehen jedoch auch dann – nur werden sie und die mit ihnen verbundene Verantwortung in andere Wissenschaftsbereiche abgeschoben oder, falls sich diese für solche „Rechts"-Probleme nicht interessieren, im Niemandsland zwischen den Disziplinen belassen. Die Auswirkungen einer solchen Haltung sind verhängnisvoll. Das Recht und die Wirklichkeit leben sich auseinander und in der gegenseitigen Ignorierung bleibt die Wirklichkeit ohne gezielte rechtliche Steuerung und das Recht steril in seinen begrifflichen Konstruktionen. Kann ein moderner Staat sich dies leisten?

Ist diese Frage erst einmal gestellt und beantwortet, ist die grundsätzliche Anwendbarkeit und Wichtigkeit von Simulation und Planspiel in Recht und Gesetzgebung mit den bisherigen Überlegungen bereits dargetan: Deduktiv aus dem überdisziplinären, allgemein auf Systemverhalten und menschliches Entscheidungsverhalten zugreifenden Charakters dieser Methoden, induktiv aus ihrer erfolgreichen Anwendung auf nicht prinzipiell unterschiedliche Fragestellungen in den Wirtschafts- und Sozialwissenschaften. Im folgenden brauchen deshalb diese grundsätzliche Anwendbarkeit und Wichtigkeit nur näher entfaltet werden. Die Verbindungen zur juristischen Methodenlehre, die besonders für eine Anwendung von Simulation und Planspiel durch den Richter zum Problem werden, sind an anderer Stelle gezogen worden[69a]. Hier sollen nicht erneut der (beschränkt) finale Charakter richterlicher Judikate betont, prozessuale Hindernisse für den Einsatz dieser Methoden im Prozeß untersucht und dem Versprechen dieser Methoden nachgegangen werden, eine rationalere Folgendiskussion zu gewährleisten und so weitere Lösungsgesichtspunkte für die Entscheidung zu liefern bzw. die vorhandenen nach ihren Auswirkungen im System zu prüfen und zu gewichten. Vielmehr sollen hier in einem ersten Anlauf Fragestellungen aus Recht und Gesetzgebung aufgezeigt und umrissen werden, die methodisch und aufgrund der geschilderten Anwendungserfahrungen schon jetzt oder in einem späteren Stadium, wenn sich die Werkzeuge verfeinert und die Kenntnisse über die Realität zugenommen haben, simulationsgeeignet und planspielfähig erscheinen[69b]. Zu diesem Zweck werden einzelne typische Anwendungsgruppen der Simulation und des Planspiels isoliert, auch wenn Überschneidungen vorkommen.

[69a] Siehe Fußnote 1; auch Fußn. 4.

[69b] Daß hier keine Einzelmodelle erstellt werden können, ist ohne weiteres einsichtig. Bei der Anwendung dieser Methoden hat sich nämlich gezeigt, daß dies ein zeitraubendes und kostspieliges Unternehmen ist, das zumeist einen interdisziplinären Aufwand erfordert, wenn die Möglichkeiten voll ausgeschöpft werden sollen. Vgl. *J. R. N. Stone*, Economic and Social Modelling, in: C-E-I-R, ed., Mathematical Model Building in Economics and Industry, London, 1968, p. 49 (52); ferner die Nachweise in Fußn. 5. Diese Notwendigkeit gilt schon für die Ermittlung der Datenbasis. Hier ist die empirische Soziologie mit ihren Methoden des Interviews etc. aufgerufen. Für die Aufstellung des Modells sind weitere Disziplinen notwendig. Die zutreffende Wiedergabe der Realität im Modell und die Bildung entsprechender Hypothesen über Operationscharakteristiken und Funktionszusammenhänge erfordern den Fachmann, den Soziologen, den Politologen, den Psychologen, den Wirtschaftswissenschaftler usw. Für die

A. Simulation

1. Modelltest-Simulation

Strategische bzw. Modelltest-Simulation haben wir kennengelernt als Methode, im Vergleich simulierter Prozesse und Prozeßergebnisse mit empirischen Verläufen und Daten zu erkennen, ob das zur Simulation benutzte mathematische oder logische Modell die Realität unter dem gewünschten Blickwinkel ausreichend getreu abbildet. Die Modelltest-Simulation ist einerseits Selbstzweck (Nachbildung empirischer Systeme und ihres Verhaltens), andererseits kaum entbehrliche Durchgangsstufe zur weiteren Simulation an dem Modell und zu Aussagen aus dem Modell über die Realität. In Recht und Gesetzgebung gibt es zahlreiche Systeme, die sich dynamisch entwickeln und herkömmlicherweise nur jeweils punktuell beschrieben und erläutert werden. Diese Systeme im Modell nachzubauen und am jeweiligen Output der Simulationsläufe die Homomorphie (Verhaltensgleichheit) des empirischen und des modellierten Systems zu testen und zu erreichen, wäre reizvoll. Im folgenden seien einige Beispiele aufgeführt, die jedenfalls als reine Ablaufsimulationen – nur der Prozeß als solcher, nicht die konkrete Entscheidung und ihr Inhalt im einzelnen Fall interessieren dann – schon heute grundsätzlich möglich sind. Das zeigen sowohl erste Versuche in den USA als auch die Erfahrungen mit makroökonomischen und gesamtgesellschaftlichen Modellen[70].

Als ein solches System läßt sich die Gesetzgebung auffassen. Systemkomponenten könnten sein: die Abgeordneten, die Parteien, die Fraktionen, die Ausschüsse, die Ministerialbürokratie, die Wähler, pressure groups und Lobbyisten, die Presse usw. Aus dem System lassen sich Subsysteme ausgliedern und auch isoliert betrachten, etwa das Parlament. Der Durchlauf eines Gesetzesentwurfes durch den Bundestag in den verschiedenen zeitlichen Etappen wäre der zu modellierende empirische Prozeß.

Ähnlich komplex ist das gesamte Gerichtssystem. Systemkomponenten wären die verschiedenen Gerichte mit unterschiedlichen personellen und anderen Kapazitäten und verbunden in Instanzenwegen und Gerichtsbarkeiten. Für einen Teilbereich – die staatliche Strafrechtspflege in California – beschreibt ein in den USA von Operations Research-Fachleuten entwickeltes Modell den Gang der Delinquenten durch das System: von der Verhaftung über die Stationen Polizei, Gericht, Strafanstalt bis hin zu erneuter Straffälligkeit. Die zur Verfügung stehenden Daten über Verbrechensart, Verbrechenshäufigkeit, Zahl der

---

eigentliche Formulierung des Modells selbst werden dann der Informatiker, der Mathematiker und für das Computermodell der Programmierer benötigt. Inwieweit sich ein- und derselbe Forscher zutraut, nicht nur einige, sondern alle diese Funktionen in sich zu vereinigen und zu beherrschen, sei dahingestellt. Vgl. auch *Klaus Hopt*, Bericht: Programmierkurs für Juristen, JA 1970, 375 (376). Immerhin gibt es derzeit schon eine kleine Zahl von Versuchen mit Simulation und Planspiel in Recht und Gesetzgebung. Sie werden im folgenden erwähnt.

[70] S. o. I B 2, 3 und zu den Erfahrungen mit Gerichtssystemsimulationen die weiter unten nachgewiesenen Modelle von Blumstein und Larson und von Navarro und Taylor.

Erst- und Rückfallverhaftungen usw. sind in das Modell eingegangen[71].
Auch das einzelne (Gerichts-)Verfahren entwickelt sich nach bestimmten Regeln von seiner Einleitung über die verschiedenen Abschnitte der Verhandlung hin zum Abschluß durch die Entscheidung. Systemkomponenten wären Richter, Parteien, Sachverständige, Zeugen, Beigeladene, u. U. Zuhörer.

Schließlich läßt sich auch das Verhalten der das Gesetz anwendenden Verwaltung und der von dem Gesetz betroffenen Personen dynamisch als Aktion, Reaktion und erneute Aktion in Gegenreaktion begreifen. So wäre es reizvoll, ein Modell zu konstruieren, das die marktbedingten Verhaltensabhängigkeiten der Unternehmen untereinander und die Einflüsse nachzeichnet, die eine unter einem Kartellgesetz agierende, bestimmte Schwerpunktpolitiken verfolgende Behörde auf diese Unternehmen nimmt.

So interessant jedoch Modellbau ist und so sehr er den Konstrukteur zu genauester Analyse der empirischen Zusammenhänge zwingt und gerade dadurch zum Motor neuer Erkenntnisse wird, für sich allein befriedigt die Modelltest-Simulation nicht. Sie bleibt Durchgangsstufe. Nicht l'art pour l'art, Steuerung und Prognose reizen.

2. Prozeßablaufsoptimierung[72] durch Simulation

Aus den betriebswirtschaftlichen Anwendungen der Simulationsmethode ist uns bekannt, daß besonders gute Erfolge bei der Optimierung von Prozessen erreicht worden sind, die mit den herkömmlichen analytisch-deduktiven Optimierungsmethoden nicht oder nur schwer erfaßt werden können. Eines dieser Optimierungsprobleme ist die Prozeßablaufsplanung bei Abfolge mehrerer teils paralleler, teils hintereinandergeschalteter Prozeßetappen.

a) Von hier aus liegt gedanklich am nächsten der Versuch, das Funktionieren eines Gerichtssystems im Modell nachzubilden in der Absicht, die Effizienz des System zu steigern und beispielsweise die Durchlaufsgeschwindigkeit unter Einhaltung bestimmter Nebenbedingungen zu optimieren. Die Dringlichkeit dieser Aufgabe ist heute angesichts der überlangen Prozeßdauer und des kaum mehr abzubauenden Fallüberhangs in der Diskussion um Justizreform und Prozeßbeschleunigung[73] ein Gemeinplatz; neu ist die Methode.

Gelingt es, ein realitätsgetreues Modell des Gerichtssystems zu bauen — und

---

[71] *Alfred Blumstein, Richard Larson,* Models of a Total Criminal Justice System, Operations Research, vol. 17 (1969), No. 2, p. 199-232. Das Interesse der Autoren besteht einmal in der Abbildung des Prozesses, dann weiter in der Zuteilung von Kostenanteilen auf die verschiedenen Phasen und Deliktsarten.

[72] Mit Prozeß ist hier nicht der (Gerichts-)Prozeß im juristischen Sinn, sondern die dynamische Entwicklung eines Systems oder Subsystems in der Zeit gemeint.

[73] Für die BRD vgl. *Peter Mes,* Eine Rechtstatsachenforschung zur Beschleunigung des Zivilprozesses, ZRP 1971, 90. Für die USA z. B. *Maurice Rosenberg, Michael J. Sovern,* Delay and the Dynamics of Personal Injury Litigation, Col. L. Rev. 59 (1959) 1115-1170; in deutscher Übersetzung in *Ernst E. Hirsch, Manfred Rehbinder,* Studien und Materialien zur Rechtssoziologie, Kölner Zeitschrift für Soziologie und Sozialpsychologie, Sonderheft 11, 1967, S. 323.

die Versuche in den USA sind sehr ermutigend[74] –, können im Experiment am Modell die kritischen Größen gezielt manipuliert werden. Verschiedene Ergebnisse können anfallen bzw. angestrebt werden.

Aussagen lassen sich zum einen über Zeitpunkte und Zeitabschnitte innerhalb des Prozesses machen, die bezogen auf das Ziel der kürzeren Durchlaufszeit strategisch wichtig sind. Besonders angesichts der gemeinhin beklagten Dürftigkeit des vorhandenen Datenmaterials über das Gerichtssystem ist es wichtig, die Schlüsselstellen zwecks gezielter Sammelanstrengung zu kennen. Die Parallele zu dem Vorgehen von *Holland* und *Gillespie*[75] liegt zutage.

Des weiteren sind Aussagen darüber möglich, wie das derzeit bestehende System funktioniert, wie die einzelnen Systemteile voneinander abhängen, etwa welchen Verzögerungseffekt die Nichteinhaltung eines Termins hat oder wie sich Versäumnisurteile insgesamt auswirken.

Sind die realen Daten in einem für die Prognose ausreichenden Umfang[76] vorhanden, können zuletzt Alternativvorschläge für die Systemgestaltung, den Prozeßablauf und die Verfahrensorganisation (Einrichtungen, Instanzen, Organe, Prozeduren) im Hinblick auf verschiedene Haupt- und Nebenziele gemacht werden. Ist beispielsweise feststellbar, wieviel Zeit für eine richterliche Voruntersuchung benötigt wird oder in welchem Umfang Fristen nicht ausgenützt und umgekehrt durch Versäumung und Wiedereinsetzung oder durch Verlängerung überzogen werden, dann lassen sich mit Hilfe der Simulation andere bessere Vorschläge machen. Die Simulation ermöglicht nämlich quantitative Aussagen[77] über Effektivität, Auswirkungen und Alternativkosten im Rahmen des Systems. Sie nennt z. B. den Preis in Zeiteinheiten, den die Beibehaltung des Jurysystems (Auswahl, Beiziehung und Ausfall der einzelnen Geschworenen) kostet. Meinungsverschiedenheiten in Fragen des Richtigen und Gerechten sind bekanntlich zu einem nicht geringen Teil auf unterschiedliche Verhaltenserwartungen und differierende Einschätzung von Effekten und Entwicklungen zurückzuführen. Die Simulation wirkt hier erklärend und abklärend.

---

[74] In dem Simulationsmodell Courtsim haben *Joseph A. Navarro* und *Jean G. Taylor* am Institut für Verteidigungsanalysen in Arlington, Virginia, Organisation und Funktionieren der Strafgerichte bei Vergehen (felonies) im District of Columbia nachgebildet und aufgrund der Simulationsexperimente Verbesserungsvorschläge gemacht. Task Force Report: Science and Technology, A Report to the President's Commission on Law Enforcement and Administration of Justice, Prepared by the Institute for Defense Analyses, Arlington, Va., June 1967 (erhältlich vom Superintendent of Documents, U. S. Government Printing Office, Washington, D. C. 20402), p. 37-44, p. 199-215; auch *Joseph A. Navarro, Jean G. Taylor,* Data Analyses and Simulation of a Court System for the Processing of Criminal Cases, 9 Jurimetrics J. 1968/2, p. 101-126. Eine populär aufgemachte Kurzfassung dieser Simulation geben die Autoren in: An Application of Systems Analysis to Aid in the Efficient Administration of Justice, Judicature, August-September 1967, vol. 51, No. 2, p. 47-52.

[75] S. o. I B 2.

[76] Näher *Horst Koller,* Simulation und Planspieltechnik, 1969, S. 135.

[77] Zu beachten ist freilich die Gefahr der Scheinpräzision. Zehntel und Hundertstel hinter dem Komma bedeuten wenig, wenn die Eingabevoraussetzungen ungenau oder geschätzt sind.

Die Simulation zum Zwecke der Erkenntnis optimaler Prozeßablaufssteuerung wird primär den zur Reform aufgerufenen Gesetzgeber interessieren. Doch auch die Verfahrensbeteiligten sind angesprochen. Die Gerichte können auf strategisch wichtige Punkte und Abschnitte des Verfahrens besonders achten und auch ohne formelle Reformen bestimmte Praktiken befolgen. Auch die Parteien können Schlüsse auf ihre optimale Prozeßstrategie ziehen. Daß diese Strategie sich an ihren eigenen Interessen an zügiger Abwicklung oder an Verfahrensverzögerung ausrichten wird, ist eine andere Frage.

b) Was hier am Beispiel eines Gerichtssystems für die Prozeßablaufsoptimierung dargestellt wurde, gilt mutatis mutandis für den Gesetzgebungsprozeß. Dieser läßt sich im Simulationsmodell abbilden, manipulieren und auf bestimmte Prozeßablaufsziele hin optimieren, eine Chance, die gerade heute im Zeitalter der Gesetzesfabrikate eines permanent überforderten Gesetzgebers[78] nicht ungenützt bleiben sollte.

Ähnliche Versuche empfehlen sich für staatliche Behörden. Mit Hilfe der Simulation könnten Verwaltungsverfahren und Organisationsmuster (z. B. bei der Errichtung eines Aktienamtes ähnlich der Securities and Exchange Commission) getestet und optimiert werden.

Eine besondere Aufgabe wäre es schließlich, die derzeitige Informationsstruktur innerhalb der genannten Systeme nachzubilden und am Modell simulierend zu verbessern. Anregungen hierzu können Betriebswirtschaftslehre und Unternehmensforschung mit ihren bisher freilich noch nicht ausgereiften Informationssystemen geben[79].

3. Prozeßinhaltssteuerung durch Simulation (Regelungsfolgen-Simulation)

In den wirtschafts- und sozialwissenschaftlichen Simulationsmodellen sind auch komplexe Systeme mit gutem Erfolg nachgebildet und am Modell manipuliert worden mit dem Ziel, optimale Strategien zu entwickeln. Was dort für Unternehmen und Branchen zwecks Gewinnmaximierung in einem Wettbewerbsmarkt mit vielen Unbekannten möglich ist, scheint ebenso sinnvoll für den Gesetzgeber, der für solche Prozesse einen bestimmten rechtlichen Rahmen setzen will. Er möchte wissen, welche Auswirkungen seine Maßnahmen zeitigen und ob seine zwingenden und dispositiven Vorschriften, Gebote und Verbote, Interventionen und Ordnungsmaßstäbe die intendierten Steuerungsfunktionen in dem wirtschaftlichen oder gesellschaftlichen Prozeß erfüllen. Einige Versuchsmöglichkeiten seien erwogen. Um Einwände gegen die Realisierbarkeit zu entkräften, sollen sie jeweils in Parallele zu Simulationsversuchen gesetzt werden, die wir bereits aus anderen Disziplinen kennen.

a) Gegen die Einführung der paritätischen Mitbestimmung, die zur Zeit in Deutschland diskutiert wird, werden erhebliche Befürchtungen laut. Die Entscheidungsfähigkeit und -schnelligkeit mitbestimmter Unternehmen werde gelähmt, ihre Wettbewerbsposition im In- und Ausland werde angetastet, die Ka-

---

[78] Z. B. *Fritz Kübler*, Kodifikation und Demokratie, JZ 1969, 645 (651).
[79] Zu denken ist auch an das Modell von *Bonini*. S. o. I B 1 b.

pitalbeschaffung werde erschwert. Paritätische Mitbestimmung als Experiment in der Realität zu wagen, um ihre Auswirkungen ein paar Jahre „auszuprobieren“, kann – wenn die Argumente der Mitbestimmungsgegner zutreffen sollten – einen hohen Preis fordern. Gewiß läßt sich die Position beziehen, der Preis werde schon nicht abverlangt werden und im übrigen müsse das Risiko angesichts der politischen und sozialen Bedeutung einer solchen Reform eben eingegangen werden. Rationaler wäre demgegenüber der Versuch, Höhe und Wahrscheinlichkeit der mit dieser Reform riskierten Kosten und Nebenfolgen zu quantifizieren. Das könnte beispielsweise im Hinblick auf die Entscheidungsfähigkeit des Unternehmens unternommen werden. Es müßte ein Unternehmensmodell (bzw. mehrere für typischerweise verschieden strukturierte Unternehmen) aufgestellt werden, das die unternehmensinternen Informations- und Entscheidungsstrukturen nachzeichnet. Hier könnte unmittelbar an die gedankliche Vorarbeit von *Bonini*[80] und anderen angeknüpft werden. Unter Berücksichtigung der Daten und Erfahrungen aus dem Montanbereich und aus freiwillig eingeführten Mitbestimmungsregelungen[81] könnten am Modell Änderungen des Entscheidungsbildungsprozesses durchgespielt und daraus Schlüsse auf zeitliche Verzögerung und inhaltliche Änderung des Entscheidungsoutput bei gleichbleibender Umwelts-, Markt- und Wettbewerbskonstellation gezogen werden.

b) Bei dem erwogenen Mitbestimmungsmodell, einem Unternehmensmodell, bleiben die unternehmensexternen Änderungen unberücksichtigt. Hier müßten weitergreifende (Markt-)Modelle gebaut werden. Solche Modelle sind aus betriebswirtschaftlichen Simulationen des Unternehmensverhaltens im Markt bekannt. Lohnend wäre es, in solchen Marktmodellen die Interaktion des Unternehmens mit seinen Konkurrenten, Kunden, Händlern, Lieferanten, Verbrauchern unter dem Einfluß rechtlicher Vorschriften und unter der Einwirkung von Überwachungs- oder Lenkungsbehörden nachzubilden. In Frage käme beispielsweise das Modell eines Oligopolmarkts mit starken Konzentrationstendenzen. An diesem Modell wäre das typische Verhalten der Marktteilnehmer zu simulieren. Die Manipulationen hätten den möglichen rechtlichen Schranken zu entsprechen (Konzentrationskontrolle, Entflechtung, Verbot des oligopolistischen Parallelverhaltens, Unternehmensverhaltenspflichten für marktbeherrschende Unternehmen usw.). Von den in den Wirtschaftswissenschaften existierenden Marktformensimulationen zum Einbau der rechtlichen Steuerungsparameter ist es nur ein Schritt, der freilich getan werden muß und nicht unbedingt leicht fällt.

Ein anderer hierher gehörender Versuch betrifft die Unternehmensrechtsreform. An einem Marktmodell, das die finanzielle Interaktion des Unternehmens mit Gläubigern und Kunden simuliert, wären die optimale Liquiditätsstruktur[82]

---

[80] S. o. I B 1 b.

[81] Z. B. bei den Paul-Spindler-Werken, Hilden im Rheinland, wo gerade der finanzielle Abstieg des Unternehmens auf Korrelation oder Nichtkorrelation mit der Mitbestimmung untersucht werden könnte.

[82] Dazu einführend und mit Nachweisen *Edmund Heinen*, Einführung in die Betriebswirtschaftslehre, 1968, S. 114 ff, 216.

einerseits – betriebswirtschaftliche Simulationsansätze zeichnen sich ab – und die angemessene Grundkapitalstruktur andererseits zu ermitteln. Das wäre unmittelbar von Bedeutung für die im Gesellschaftsrecht überaus strittige Behandlung von Gesellschafterdarlehen bei unterfinanzierten Gesellschaften mit beschränkter Haftung[83]. Auch die Frage, auf welche Höhe das Mindest- bzw. Gründungskapital gesetzlich festgesetzt werden sollte[84], ließe sich auf diese Weise angehen. Dabei müßte freilich ermittelt werden, inwieweit nicht die verbreitete Übung, mit einem dieses Grundkapital weit übersteigenden Fremdkapital zu arbeiten, die der Grundkapitalausstattung zugetraute Gläubigerschutzfunktion hinfällig macht.

c) Neben Modellen, die mikroökonomisch die unternehmensinterne, rechtlich beeinflußte Organisation und Struktur nachbilden oder das den Gesetzgeber interessierende Markt-, Konkurrenz- oder Verhandlungsverhalten der Unternehmen unter bestimmten einzuhaltenden rechtlichen Nebenbedingungen simulieren, kommen auch Gesamtsystem-Modelle in Betracht, wie sie aus makroökonomischen und gesamtgesellschaftlichen Simulationen bekannt sind. Denkbar ist ein Modell, das die Wirtschaft unter dem Gesichtspunkt der Besteuerung erfaßt. An ihm könnten durch Simulationsexperimente die Auswirkungen verschiedener Steuersatzhöhen, Progressionen, Abschreibungsmöglichkeiten, Investitionsanreize usw. und Änderungen in Steuerart und Steuereintreibung getestet werden[85]. Derartige freilich sehr komplexe Modelle wären die konsequente Fort- und Umbildung der bisher schon durchgeführten Modellrechnungen.

In kleinerem Maßstab und bei Projekten mit erheblichem Zahlenwerk sind solche Simulationsversuche in Deutschland bereits unternommen worden. Weitere werden erwogen[86]. Nur zwei seien erwähnt. Bei der Frage der Krankenversicherungspflichtgrenzen wurde 1970 unter großem Interesse der Presse eine Simulation der Auswirkungen verschiedener Grenzziehungen durchgeführt. Ziel war es, die optimale Marke (z. B. 1425 DM, 1575 DM, ... 2100 DM) festzustellen. In das Modell floß unter anderem auch die erwartete Steigerung der Einkommen in den nächsten 10 bis 20 Jahren ein. Einzelfragen waren beispielsweise, wieviele Personen bei bestimmten Grenzziehungen versicherungspflichtig werden, wieviele nicht versicherungspflichtige Personen, die anderen Krankenversicherungen angehören, über ein Kündigungsrecht zur Pflichtversicherung stoßen würden usw.

Ähnliches wurde 1971 im Rahmen der Rentenversicherungsreform unternommen. Eingeführt werden sollte statt der bisherigen festen Altersgrenze von 65

---

[83] Hierzu *Hans-Jürgen Sonnenberger,* Das Darlehen des GmbH-Gesellschafters als Mittel der Gesellschaftsfinanzierung, NJW 1969, 2033 mit Nachweisen.

[84] So heute in der Diskussion um die GmbH-Rechts-Reform. Vgl. Referentenentwurf. S. 143 einerseits und andererseits z. B. *Carl Hans Barz,* Kapitalfragen im Referentenentwurf eines GmbH-Getzes in: GmbH-Reform, 1970, S. 37-44.

[85] Vgl. *Rudolf Eppler,* Die Steuerwirkungen. Eine makroökonomische Modellstudie, 1970.

[86] Z. B. für eine Novellierung des Arbeitsförderungsgesetzes, das in der bisherigen Fassung unerwartete Effekte (besonders im Bereich der Kosten: Hausfrauenumschulung) mit sich gebracht hat.

bzw. 62 Lebensjahren (Männer/Frauen) die Wahlmöglichkeit, ab einer bestimmten Altersgrenze schon vorher „in Rente" zu gehen. Ziel war es, die Grenze zu ermitteln, die kostenmäßig noch vertretbar erschien. Zu klären war ferner, ob diese Wahlmöglichkeit erst ab 35 Versicherungsjahren bestehen sollte oder schon ab 5, 10 usw. und weiter welche Rentenabschläge demjenigen zugemutet werden sollten, der von der Regelung flexibler Altersgrenzen Gebrauch macht (nur in Höhe des wegen früheren Ausscheidens nicht mehr erreichten, normalen Zuwachses oder unter zusätzlicher Berücksichtigung der höheren Lebenszeiterwartung als Rentner). In das Modell einfließen mußte auch, welche Zahl von Personen die neue gesetzliche Wahlmöglichkeit tatsächlich in Anspruch nehmen würde. Mit Hilfe der Simulation wurden die verschiedenen Möglichkeiten durchgespielt. Am Schluß ergaben sich 62 Lebensjahre, 35 Versicherungsjahre und etwa 500.000 Personen als Richtwerte.

4. Verhaltensprognose durch Simulation

Hierbei geht es darum, durch Simulation das Verhalten des Systems und der Menschen als Systemkomponenten bei bestimmten rechtlichen und anderen Ausgangsbedingungen vorherzusagen. Diese Bedingungen können sich entwickeln, aber aus tatsächlichen, politischen oder rechtlichen Gründen in der Wirklichkeit unbeeinflußbar sein. Dann interessiert die Prognose. Noch interessanter ist es freilich zu ermitteln, ob nicht doch und mit welchen Strategien Einflüsse ausgeübt und das System und seine Komponenten in erwünschte oder unerwünschte Richtung gelenkt werden können. Insoweit ist Verhaltensprognose mit Prozeßinhaltssteuerung verwandt und geht in diese über. Die Besonderheit – und besondere Schwierigkeit –, in erster Linie menschliches Verhalten zu simulieren, hebt aber diese Form der Simulation gegenüber anderen heraus, bei denen die Quantifizierbarkeit wegen der vorhandenen Zahlenwerte näher liegt wie etwa bei den erwähnten Steuer- und Versicherungssimulationen.

Wenn wir oben an dem Simulmatics-Modell[87] gesehen haben, daß das Verhalten der Wähler auf einen bestimmten Anreiz – katholische Religionszugehörigkeit des Präsidentschaftskandidaten in den USA – prognostiziert und eine optimale Wahlkampfstrategie entwickelt werden kann, muß Ähnliches möglich sein mit dem Verhalten anderer im Recht und an der Gesetzgebung mitwirkender Personen unter bestimmten Umweltreizen und zu bestimmten Projekten.

a) So könnte versucht werden, in einem Modell des Gesetzgebungssystems nicht nur, wie schon oben erwähnt, den Prozeßablauf nachzubauen und zu optimieren, sondern simulierend das Verhalten des Gesetzgebers und der an dem Gesetzgebungsprozeß Beteiligten für ein bestimmtes Gesetzgebungsprojekt vorherzusagen. Was oft für den erfahrenen Praktiker eine Frage des Gespürs ist – diese Vorlage hat keine Chance –, könnte auf diese Weise präzisiert werden. Wahrscheinlichkeiten könnten gesucht werden. Kritische Stellen lassen sich ermitteln. Alternativstrategien böten sich an. Die Reaktion

---

[87] Siehe Fußn. 56.

des Gesetzgebers auf das Verhalten anderer Prozeßbeteiligter oder auf Pressionen von außen[88] wäre in Rechnung zu stellen. Bei aller Schwierigkeit der Quantifizierung ist dieser Ansatz keineswegs utopisch. Die Vorstellung von dem Abgeordneten, der sein Abstimmungsverhalten allein am bonum commune ausrichtet und nur dem eigenen Gewissen verpflichtet handelt (ein Paradefall einer black box), ist heute dahin. Vielmehr lassen sich verschiedene Einflußfaktoren nachweisen wie Parteizugehörigkeit, Fraktionszwang, Herkunft, sozialer Status, Pressionen aus dem eigenen Wahlkreis, Druck der Lobby etc.[89]. Auch ist es nicht so, daß das Gespür des Praktikers ausreichen würde, um solche Einflüsse ohne weiteres in ihrer endgültigen Gesamtauswirkung (Verhalten des Gesetzgebers) zu erfassen. So wurde in den USA im Zusammenhang mit der durch den Supreme Court erzwungenen Reform der Wahlkreiseinteilung nahezu allgemein vermutet, daß die in den bis dahin unterrepräsentierten Städten besonders starke demokratische Partei erhebliche Sitz- und Abstimmungsgewinne zu erwarten habe. Dieses Gespür politischer Beobachter wurde erst durch genauere quantifizierende Analysen und hypothetische Abstimmungsnachrechnungen korrigiert[90]. Gewiß sind solche Nachrechnungen mit Vorbehalten aufzunehmen. So wurde nur das Stimmgewicht des durch faire Wahlkreiseinteilung statt anderer in das Parlament kommenden Abgeordneten berücksichtigt, nicht aber seine Überzeugungskraft, seine Ausschußtätigkeit, sein Status als Neuling ohne Anciennität usw. Derartige Abhängigkeiten wären jedoch für die Simulation zu bewältigen.

b) Was bei der Gesetzgebungssimulation an einem komplexen Modell versucht wird, könnte auch isoliert für die einzelnen Systemkomponenten dieses Modells (kleinere Gruppen, Einzelindividuen) erwogen werden. Prognose des Verhaltens von Gremien (Kommissionen, Ausschüsse, Gerichte) und einzelner Individuen (Abgeordnete, Richter) wäre dann das Ziel. Angesprochen ist das Bedürfnis des vorausplanenden Rechtsverkehrs, ein „berechenbares" Verhalten der Justiz und Verwaltung[91] einkalkulieren zu können. Das liegt ganz parallel zu dem Bestreben, das Marktverhalten des Wettbewerbers, Gläubigers, Konsumenten usw. quantitativ zu antizipieren. Der Weg dahin ist freilich noch weit. Wie ein Berg türmt sich die Schwierigkeit auf, die das zu prognostizierende Verhalten beeinflussenden Kausalfaktoren begrifflich und empirisch zu erfassen[92]. Daß dieser Weg jedenfalls nicht von vornherein zum toten Ende einer Sackgasse führt, sei statt an den viel und heftig umstrittenen amerikanischen

---

[88] Aufzugreifen wären Ansätze von *Bonini* (Fußn. 47): index of felt pressure.

[89] Dazu *Klaus Hopt,* Die Dritte Gewalt als politischer Faktor, 1969, S. 155 ff mit Nachweisen.

[90] *Hopt,* aaO (Fußn. 89), S. 117 ff, bes. S. 123, 145 ff.

[91] *Max Weber,* Wirtschaft und Gesellschaft, Bd. 2, Tübingen, 1956, S. 834: „Der moderne kapitalistische Betrieb ruht innerlich vor allem auf der Kalkulation. Er braucht für seine Existenz eine Justiz und Verwaltung, deren Funktionieren wenigstens im Prinzip ebenso an festen generellen Normen rational kalkuliert werden kann, wie man die voraussichtliche Leistung einer Maschine kalkuliert".

[92] Besonders dezidiert *Thomas A. Cowan,* Decision Theory in Law, Science and Technology, Rutgers L. Rev. 17 (1963) 499 at 515, 517.

Ansätzen zur Quantifizierung richterlichen Verhaltens[93] an folgender Episode gezeigt. 1962 hatte der Supreme Court in der Frage des reapportionment (Wahlkreisneueinteilung) zu entscheiden. Klare Präjudizien sprachen gegen die Justiziabilität. Angesichts der mannigfaltigen Implikationen einer Reformentscheidung auf die Zusammensetzung der Volksvertretung, auf den politischen Prozeß, auf das Stadt-Land-Problem, auf das föderative Gefüge und nicht zuletzt auf die Stellung des Gerichts selbst[94] herrschte völlige Unklarheit darüber, wie der Supreme Court entscheiden würde. Da wagte es einer der amerikanischen Behavioristen aufgrund des bis dahin gezeigten Entscheidungs- und außerrichterlichen Verhaltens der neun Richter für jeden von ihnen präzis vorauszusagen, wie er stimmen werde – und er täuschte sich nur in einem[95]. Wohlgemerkt: Ob eine solche Vorhersage sinnvoll oder viel eher gefährlich ist, ob sie auch für andere, weniger politisch agierende Gerichtskörper als den Supreme Court möglich ist und ob der Weg nicht für das kontinentale civil-law-System wegen anderer Rechtsfindung, Gerichtsorganisation, Veröffentlichungspraxis usw. ausscheidet, ist hiermit nicht beantwortet. Feststeht jedoch, daß sich hier mehr als nur utopische Forschungsperspektiven auftun[96].

Daß die Simulation bei solchen Prognosen eine wichtige Rolle spielen kann zeigen jüngste, zugegebenermaßen noch unvollkommene Versuche in den USA, den Entscheidungsprozeß nachzumodellieren, in dem städtische Verordnungen über (Bau-)Zonen geändert und den sich entwickelnden Bedürfnissen einer Stadt angepaßt werden[97]. Aufgrund extensiver Beobachtung – u. a. Teilnahme an den Beratungen – wurden Variabeln ermittelt, von denen die Entscheidung abhängt (z. B. Verkehrsverhältnisse, Parkmöglichkeiten, Wasserversorgung, Abwässerbeseitigung, Grünflächen, Schulen usw.). Berücksichtigt wurden aber auch Bedingungen wie Vereinbarkeit mit früheren Entscheidungen der Planungsbehörde, öffentliche Meinung, Bestehen von Interessenkonflikten usw. Das Modell wurde mit den Daten von 125 Änderungsvorschlägen zur Zoneneinteilung von Pittsburgh zwischen 1963 und 1965 durchgespielt. Es gelang schließlich für rund 90 % und mehr der Fälle in der Simulation zu der „richtigen", d. h. von den beiden beteiligten Behörden bzw. Kommissionen tatsäch-

---

[93] Dazu die umfangreichen Nachweise bei *Hubert R. Rottleuthner*, Zur Soziologie richterlichen Handelns, Krit. J. 1970/3, 283.

[94] Zu den damit angesprochenen Fragen der Konsensbedürftigkeit richterlichen Eingreifens in den politischen Prozeß wie überhaupt „politischer" Entscheidungen von Gerichten *Hopt*, aaO (Fußn. 89), S. 202 ff, 206 f.

[95] Rodell (von der Yale Law School) irrte sich nur in *Clark*. *Whittacker* nahm an der Entscheidung nicht teil.

[96] Zu beachten etwa die Simulation zwischenmenschlichen Verhaltens in kleinen Gruppen durch *J. T. Gullahorn, J. E. Gullahorn,* A Computer Model of Elementary Social Behavior, Behavioral Science, vol. 8 (1963) 354-362, nach der Theorie von *G. C. Homans,* Social Behavior: Its Elementary Forms, New York, 1961, oder die amerikanischen Versuche, menschliches Problemdenken im Simulationsmodell nachzubilden. *A. Newell, J. C. Shaw, H. A. Simon,* Elements of a Theory of Human Problem-Solving Behavior, Psych.Rev., vol. 65 (1958) 151-166; auch *Herbert A. Simon,* Theories of Decision-Making in Economics and Behavioral Science, 49 Am.Ec.Rev. (1959) 253 at 274 et s.

[97] *Otto A. Davis, Frederik H. Rueter,* A Simulation of Municipal Zoning Decisions (Carnegie-Mellon University, Pittsburgh, Regulatory Process Workshop Paper).

lich getroffenen Entscheidung zu gelangen. In immerhin 26 Fällen wurden im (simulierten) Entscheidungsprozeß genau dieselben – nicht mehr und nicht weniger – Gründe für die Entscheidung angegeben, die zur Begründung der (menschlichen) Entscheidung ausgeführt worden waren, in insgesamt 46 Fällen erbrachte die Simulation dieselben Gründe und zusätzlich weitere, in 110 Fällen alle Gründe bis auf einen.

5. Systemstabilisierung durch Simulation

Unter Einwirkung bestimmter Ereignisse können Systeme ihre Funktionsfähigkeit verlieren oder zusammenbrechen. Wichtig ist es zu ermitteln, wo der kritische Moment des Umschlags liegt, und diese Grenze der Kapazität durch Einbau systemstabilisierender Vorrichtungen hinauszuschieben bzw. für bestimmte Arten von Ereignissen ganz aufzuheben. Die Simulation ist hierzu vorzüglich geeignet, weil das Realexperiment nicht riskiert werden kann.

Ein Gerichtssystem kann, wie bereits geschildert, mit seinen empirisch ermittelten Resourcen und Bedürfnissen – Anzahl der Gerichte, der Richter, der zur Verfügung stehenden Räumlichkeiten, vorhandene Hilfsmittel, durchschnittliche Dauer der Verfahren, Gerichtsorganisation, prozeßrechtlich notwendige Verfahrensstufen usw. – nachgebildet werden. Im Simulationsexperiment an diesem Modell läßt sich ohne Risiko ermitteln, wie sich die Überlastung des Systems durch eine zu große Zahl von Rechtsfällen (längerfristiges Ansteigen oder auch plötzliche Prozeßlawinen[98]) oder durch Ausfall bestimmter personeller, räumlicher oder zeitlicher Teile (Nachwuchsschwierigkeiten, Raumprobleme, Gerichtsferienregelung) auswirkt.

Während sich ein solches Modell schon heute aufstellen läßt[99], sind andere noch wichtigere denkbar, die vorerst aber noch übermäßige Schwierigkeiten aufwerfen. So könnte versucht werden, das Modell eines Systems vertraglicher Interaktionen auf einem nur begrenzt kompetitiven Markt aufzustellen und an diesem Modell zu prüfen, welche (Grenz-)Bedingungen herrschen müssen, damit die Privatautonomie ihre individuelle und wirtschaftliche Ausgleichsfunktion noch erfüllen kann (Wettbewerb, Marktgegenmacht, Markttransparenz, rechtliche Gebote usw.). Gelängen derartige Simulationen, ließen sich viele Behauptungen und Vorstellungen zur Privatautonomie, zu Planung und Intervention, zu Kartellrechtsnormen, zur Konzentrationskontrolle, zur Inhaltskontrolle von Allgemeinen Geschäftsbedingungen, zu Preisleitlinien und Preismeldestellen usw. falsifizieren oder untermauern. Das Ziel wäre Systemstabilisierung durch weitestgehende Selbststeuerung. Soweit diese trägt, hätte die Einzelsteuerung des Prozeßablaufs durch gesetzgeberische, richterliche oder sonstige staatliche Eingriffe zurückzutreten.

---

[98] Z. B. als Folge bestimmter Muster-Entscheidungen insbesondere im Steuerrecht. Vgl. *Klaus Hopt*, 6 Common Market Law Rev. 1968-69, p. 414-419 und 8 Common Market Law Rev. 1971, 97-103: Prozeßlawine als Folge eines EuGH-Beschlusses zu Art. 95 EWG-Vertrag. Wohl weniger realistisch oder doch schwieriger zu realisieren ist der als politische Maßnahme erwogene Gedanke, durch eine Flut von (Wohngeld-)Anträgen oder Selbstanzeigen das System zu überlasten und funktionsunfähig zu machen.

[99] Vgl. Fußn. 71, 74.

B. Planspiel

Die Anwendungsmöglichkeiten des Planspiels in Recht und Gesetzgebung sind jedenfalls in der Praxis bekannter und erprobter als die der Simulation. Dies und die prinzipielle Ähnlichkeit des methodischen Vorgehens erlauben knappere Ausführungen.

1. Forschungsplanspiel

a) Versuche, in einem Planspiel einen Gesetzesentwurf zu testen, sind schon verschiedentlich angestellt worden. Eines der Beispiele ist das 1964 von einem Arbeitskreis „Rechnungstechnische Probleme der Mehrwertsteuer" durchgeführte Planspiel[100]. Im freiwilligen Zusammenwirken von Mitgliedern der Finanzverwaltung, von Bundesbetriebsprüfern und von Unternehmen wurde das damals im Entwurf vorliegende neue Umsatzsteuergesetz durchgespielt. Der Schwerpunkt lag auf der Erprobung der rechnungstechnischen und buchhalterischen Praktikabilität des Gesetzesentwurfs. Es sollte ermittelt werden, ob die Bestimmungen des Entwurfs „eindeutig, verständlich und in der Praxis durchführbar sind, ob sie ohne wesentlichen Mehraufwand befolgt werden können, ob mit ihnen die angestrebten Ziele erreicht werden, ob einzelne Bestimmungen ungewollte und wirtschaftlich widersinnige Auswirkungen haben"[101]. Aufgrund des Planspiels waren zu allen diesen Zielen konkrete Erfahrungsaussagen möglich, die der einzelne Referent des Entwurfs allenfalls spekulativ hatte treffen können. Die Ergebnisse waren nicht spektakulär. Doch konnte im Versuch gezeigt werden, daß insgesamt die Anwendung des Gesetzes technisch möglich sein würde. Gleichzeitig trat eine Reihe von Punkten ans Licht, wo erhebliche Mehrarbeit anfiel, wo Mißverständnisse auftauchten, wo durch einzelne Änderungen ohne Antasten der Grundkonzeption Erleichterungen, Zeitersparnisse und Kosteneinsparungen möglich und angezeigt erschienen.

Während es bei diesem Steuerrechtsplanspiel um eine Praktikabilität rechnerischen Einschlags ging und noch Ähnlichkeiten zu Modellrechnungsansätzen vorlagen, führen andere Planspiele vom Zahlenwerk weg zur Verhaltenssimulation. Bekannt geworden ist das schon Anfang der Sechziger Jahre mit dem Entwurf des Bundessozialhilfegesetzes durchgeführte Verwaltungsplanspiel[102].

---

[100] Die Mehrwertsteuer, Ihre abrechnungstechnischen Probleme bei der Anwendung in der Praxis, Ergebnisse eines Planspiels, 4. Aufl., 1967.

[101] AaO (Fußn. 100), S. 19.

[102] *Udo Klausa*, Das Verwaltungsplanspiel, 1963, und *Max Rehm*, Das Planspiel als Bildungsmittel, 1964, S. 65 ff: Ziel war es, festzustellen, a) welche Begriffe und Bestimmungen mehrdeutig oder mißverständlich seien, b) welche Bestimmungen zu einer ungleichartigen oder ungerechten Behandlung von Fällen der Sozialhilfe führen könnten oder müßten, c) welche Lücken sich im Gesetz ergäben, d) ob die Abgrenzung der Bestimmungen zu anderen Grundsätzen zweckmäßig gewählt sei. Bei der Durchführung des Planspiels wirkten 14 kreisfreie Städte, zehn Landkreise und die beiden Landschaftsverbände (Rheinland-Pfalz) mit. In 48 verschiedenen Fällen spielten sie den Gesetzesentwurf durch, freilich ohne Auswirkung auf Staatsbürger. Die Tatbestände waren von der Spielleitung festgesetzt. Ein Gegenspieler vertrat den Hilfesuchenden und versuchte mit allen zulässigen Mitteln, eine ihm günstige Entscheidung herbeizuführen. Vgl. auch Denkschrift zur Anlage eines „Verwaltungsplan-

Weitere Versuche liegen auf dem Gebiet des Wohngeld- und Sozialrechts vor. Eines der jüngsten Planspiele ist das zum Entwurf des Städtebauförderungsgesetzes[103]. Von einem Praktiker angeregt und vom Ministerium gefördert, exerziert das Spiel den Entwurf an einem ausgewählten Fall – Sanierung des Ortskerns von Stuttgart-Vaihingen – durch. Gespielt wurde es innerhalb von zwei Tagen von Stadtplanern, Architekten, mit der Materie befaßten Beamten und anderen Experten. Durch ihre Rollenerfahrung und angesichts der in dem Spiel sehr real zu Tage getretenen, kaum lösbaren Interessenkonflikte bei den Sanierungsbetroffenen kamen die Mitspieler zu der Erkenntnis – und dem entsprechenden Änderungsvorschlag –, daß Spekulationen, Veränderungen des status quo im Hinblick auf die bevorstehende Sanierung, Erschleichung von Entschädigungen usw. wirksam nur bekämpft werden können, wenn der Zeitpunkt für die Bauveränderungssperre vorverlegt wird auf den Termin, in dem die Gemeinde zum erstenmal „öffentlich" tätig wird. Nun ist diese Erkenntnis keineswegs so neu. Schon 1892 hat *Shaw* ein derartiges Verhalten des Londoner Grundstücksbesitzers Sartorius in seinem ersten Bühnenstück „Widower's Houses – An Original Didactic Realistic Play" angeprangert – zum überaus großen Mißbehagen der guten Gesellschaft. Aber anscheinend genügt die Überlegung allein nicht; sie will im Experiment am Verhalten des Mitspielers erlebt sein.

b) In Forschungsplanspielen kann ohne den Rigorismus einer Simulation menschliches Verhalten gewissermaßen im Laborationsexperiment[104] beobachtet werden. Viele der oben erwogenen Simulationen (z. B. des unternehmerischen Entscheidungsprozesses bei Einführung der paritätischen Mitbestimmung oder des oligopolistischen Marktverhaltens unter Einfluß staatlicher Kartellbehörden) lassen sich auch unter Einschaltung realer Menschen als Systemkomponenten durchführen. Die Erleichterung für den Forscher besteht darin, daß Individuum und Gruppe im Spiel real als Mensch(en) entscheiden und dieses Verhalten im Modell nicht nachgebildet und quantifiziert werden muß. Diese Erleichterung wird freilich mit einer beschränkteren Aussagekraft des Experiments erkauft[105]. Außerdem wird es mit zunehmender Komplexität des abzubildenden Systems schwieriger, die Interaktionen – etwa im Gesetz-

---

spiels" (Prüfung der Durchführbarkeit in der Verwaltung) für den Entwurf eines Bundessozialhilfegesetzes – BSHG –, Frühjahr 1959 (Landschaftsverband Rheinland) sowie *Werner Nelles*, Praktische Fälle zum Bundessozialhilfegesetz, Deutscher Gemeindeverlag Köln, 1962.

[103] Dazu Bericht *Manfred Sack*, So wurde ein Gesetz getestet, in: Die Zeit, vom 9. 4. 1971, Nr. 15, S. 55. Vgl. auch Städtebau-Gesetz unter Druck, Die Zeit, vom 30. 4. 1971, Nr. 18, S. 51.

[104] Besonders *Heinz Sauermann*, Hrsg., Beiträge zur experimentellen Wirtschaftsforschung, Bd. 1 (1967) und Bd. 2 (1970).

[105] Denn die im einzelnen Mitspieler gebündelten Parameter lassen sich anders als bei der Simulation nicht gesondert manipulieren. Die Individualität der Mitspieler stellt damit einen großen Unsicherheitsfaktor dar, der durch gezielte Auswahl der Teilnehmer nur abgeschwächt, aber nicht behoben werden kann. Auch ist nicht immer sicher, ob Mitspieler im Experiment unter nur gespielten Risiken und Sachzwängen dieselben Entscheidungen fällen und dasselbe Verhalten an den Tag legen wie in der Realität.

gebungsprozeß – in einem Forschungsplanspiel noch genügend realistisch nachzuspielen[106].

2. Ausbildungsplanspiel

Schon bei dem Planspiel einer Stadtsanierung ist deutlich geworden, welchen Beitrag zur Internalisierung von Erkenntnissen das eigene Erleben der Situation im Experiment zu leisten vermag. Der pädagogische Wert des Planspiels als Ausbildungsmittel liegt in der Konfrontation mit neuen Situationen, im nachhaltigen Erleben der gegnerischen Verhaltensweisen und des Erfolgs oder Scheiterns eigener Strategien und schließlich in der dauernden Notwendigkeit, nicht nur passiv zu rezipieren, sondern im Spiel zu agieren und zu reagieren[107]. Während das Ausbildungsplanspiel in der Betriebswirtschaftslehre und in der Unternehmenspraxis für Nachwuchs- und Führungskräfte vielfältig ausgenutzt wird, harrt es in Recht und Gesetzgebung weithin noch der Entdeckung.

Gewiß ist es ein Fortschritt zur wirklichkeitsnahen Ausbildung, wenn die Fallmethode an Boden gewinnt. Diese Methode, bei der ein tatsächlich vorgekommener bzw. entschiedener Fall aus der Praxis mit den dazugehörigen Fakten und Daten als Vehikel der Wissensvermittlung dient, hat in den USA ja von der Harvard Law School ihren Siegeszug angetreten und sich erst von dort auch in anderen Disziplinen durchgesetzt. Indessen bleibt bei der Fallmethode der Lernende doch in der Rolle des außenstehenden Betrachters. Er „spielt nicht mit". Dies wird in dem Augenblick anders, in dem der Fall nicht mehr nur von außen analysiert wird, sondern die Lernenden dadurch „in den Fall hineintreten", daß sie im Spiel die Rolle von Beteiligten übernehmen und in dieser Rolle die Wirklichkeit des Falls in Sach- und Entscheidungszwängen an sich selbst erleben[108]. Wird dieser Ansatz der Fallösung mit verteilten Rollen konsequent weitergeführt und ausgebaut, haben wir ein Planspiel[109].

---

[106] Nur manchmal – und auch dann nur bedingt – hilft die aus den Planspielen internationaler Beziehungen bekannte Methode, einem Individuum oder einer Gruppe die Rolle einer realen Gesamtheit zuzuteilen (etwa des Feindstaats). Eine sehr gute Einführung bei *H. Goldhamer, H. Speier,* Einige Bemerkungen über politische Planspiele, in: *Martin Shubik,* Spieltheorie und Sozialwissenschaften, 1965, S. 273 ff.

[107] Dazu, daß auch die Simulation solche pädagogische Effekte hat und möglicherweise überhaupt wegen dieser Effekte unternommen wird, kurz auch *Dimitris N. Chorafas,* Systems and Simulation, New York, London, 1965, p. 17 („as a means of learning about new systems in order to redesign or refine them"; „as a tool in familiarizing personnel with a system or a situation which may, as yet, not exist in real life"). Vgl. auch *John Haldi, Harvey M. Wagner,* Simulated Economic Models, Homewood, Ill., 1963.

[108] Die Lösung von Rechtsfällen mit verteilten Rollen steigern nach meinen Erfahrungen mit Erst- und Zweitsemestern Teilnahmebereitschaft und Verständnis in beachtlichem Maß. Pädagogisch eindrucksvoller ist freilich das Experiment an der Wirklichkeit, etwa wenn Studenten der Bankwirtschaftslehre in Investmentseminaren und -zirkeln echte Gelder einsetzen können, die ihnen zu Ausbildungszwecken von einer Bank oder einem Unternehmen zur Verfügung gestellt worden sind. Indessen ist dies eben mit allen Risiken des Experiments an der Realität verbunden und in Recht und Gesetzgebung nur selten möglich.

[109] *Horst Koller,* aaO (Fußn. 76), S. 102, spricht im Anschluß an *J. M. Kibbee, C. J. Craft, B. Nanus,* Management Games, New York, 1961, p. 231, von Planspielen als dynami-

Vielerlei Möglichkeiten zu solchen Ausbildungsplanspielen in Recht und Gesetzgebung lassen sich denken. Am nächsten liegt die Durchführung simulierter Gerichtsverhandlungen und Prozesse mit verteilten Rollen, wie das in den USA bei den „moot courts" mit großem Erfolg und großer Begeisterung durchgeführt wird. Studenten treten vor einem aus Richtern oder Professoren bestehenden (Spiel-)Gericht auf. Dies führt zu regelrechten Wettkämpfen nicht nur innerhalb einer law school, sondern auch zwischen den besten Teams verschiedener Universitäten. Spielen die Studenten beim moot court die gegnerischen Anwälte, können ebenso auch Richter und Gericht von Studenten gespielt werden. Auch richterliches Entscheidungsverhalten will gelernt sein[110].

Nun ist freilich die juristische Ausbildung in Deutschland zu sehr auf den Richterberuf zugeschnitten. Die Ausbildung für die Verwaltung und Industrie kommt zu kurz. Hier bieten sich wiederum Planspiele an. Im Wirtschaftsrecht könnten so die Aufgaben und Handlungsmöglichkeiten des Bundeskartellamts bei Ermittlung und Ahndung von Kartellverstößen plastisch werden. Im Arbeitsrecht ließen sich spielend die Mitwirkung des Betriebsrats im Unternehmen oder die Regelungsbefugnisse der Tarifpartner kennenlernen. Im Verfassungsrecht könnte vereinfacht das Gesetzgebungsverfahren durchgespielt werden. Schließlich müßte auch das Regeln eines Sachverhalts durch Gesetz, also die Fertigung möglichst rationaler Normvorschläge gelernt werden. Das führt bereits über zu komplexeren Planspielen unter Heranziehung von Computern, wenn es nämlich innerhalb eines solchen Planspiels darum geht, optimale Strategien bei der Erstellung von Gesetzesentwürfen im Wege der Simulation zu entwickeln.

C. Abschließende Bemerkungen zur Inangriffnahme konkreter Projekte

1. Zahlreiche Möglichkeiten, Simulation und Planspiel als Methoden in Recht und Gesetzgebung anzuwenden, sind erörtert worden. Dennoch wäre voreiliger Enthusiasmus fehl am Platz. Bei allen Erfolgen, die mit diesen Methoden in anderen Disziplinen errungen worden sind, türmen sich doch dort und hier oft große Schwierigkeiten bei der tatsächlichen Realisierung auf und es wäre ein grobes Mißverständnis zu glauben, Simulationsmodelle und Planspiele sollten und könnten andere Hilfsmittel verdrängen.

Die Hauptschwierigkeit bei der Simulation und bei dem Forschungsplanspiel liegt in der Übertragung der Realität auf das Modell und der Ergebnisse von dort zurück auf die Realität. Eine Simulation ist immer nur so gut wie ihre Abbildung der Wirklichkeit. Diese Abbildung kann unmöglich sein, weil Daten aus der Realität des zu lösenden Problems einfach nicht vorhanden oder bisher

---

schen, lebenden Fallstudien. *Arbeitskreis Gamer,* aaO (Fußn. 60), S. 185 ff zur Abgrenzung von Fallmethode und Planspiel. Der entscheidende Unterschied ist der statische, in der Vergangenheit bereits abgeschlossene Charakter bei der Fallmethode, demgegenüber die dynamische, auf das feedback hin orientierte Natur des Planspiels, das zumeist auch den Spiel- und Wettkampftrieb anspricht. Zur Fallmethode (Betriebswirtschaftslehre) *Herbert B. Schmidt,* Die Fallmethode, Eine einführende Darstellung, 1958.

[110] So neuestens *Gerd Kleinheyer,* Prozeßspiele an der Universität Regensburg, JZ 1971, 648.

nicht gesammelt worden sind. Diese Abbildung kann auch scheitern, weil das Zusammenspiel der Daten nicht soweit verstanden wird, daß ein Modell konzipiert werden kann. Oft wird diese Schwierigkeit in vollem Umfang erst dann bewußt, wenn ein bestimmtes Simulationsprojekt konkret angegangen wird. Menschliches Verhalten – und um dieses geht es bei der Simulation in Recht und Gesetzgebung sehr oft – ist nicht rational, sondern bestenfalls beschränkt rational[111] und gerade deswegen auch so schwierig zu erfassen.

Simulation und Forschungsplanspiel sind finanziell und zeitlich aufwendig[112]. Das folgt einmal aus der Notwendigkeit detaillierter Faktenforschung. So benötigte man im Rahmen des erwähnten Simulmatics-Projekts, bei dem Ergebnisse von rund 100.000 einzelnen Interviews schon vorlagen, zur Sammlung und Computeraufbereitung dieses und weiteren Materials rund ein Jahr[113]. Die Personalkosten, besonders wegen des oft unerläßlichen interdisziplinären und Teameinsatzes, fallen meist noch mehr ins Gewicht. Für Ausbildungsplanspiele gilt dies je nach Komplexität und Lehrziel nur in erheblich geringerem Umfang[114].

Nicht zuletzt muß mit dem Widerstand derer gerechnet werden, die befürchten, zuviel Prognose determiniere, lähme die menschliche Intuition und Entscheidungskraft, mache den Menschen zum Objekt und den Staat durch noch größere Manipulierbarkeit künftigen Geschehens und Verhaltens zum Leviathan.

2. Diese Schwierigkeiten gilt es realistisch einzuschätzen, will man mit diesen Methoden Erfolg haben. Wie die Erfahrung zeigt, sind diese Schwierigkeiten jedoch von Projekt zu Projekt ganz unterschiedlich und insgesamt keineswegs unüberwindlich. Nicht darum geht es, andere bessere und billigere Methoden aus falscher Neuerungssucht zu verdrängen, sondern dort, wo diese nicht weiterhelfen, neue Methoden einzusetzen und mit ihrer Hilfe zu weiteren Erkenntnissen zu kommen. Solche Methoden kosten ihren Preis und haben ihrerseits ihre Grenzen. Das gilt es *vor* Inangriffnahme eines konkreten Simulations- oder Planspielprojektes zu bedenken.

Ist die Entscheidung positiv ausgefallen, können Simulation und Planspiel auch in Recht und Gesetzgebung unverzichtbare Dienste leisten. Das trifft ohne Einschränkung für das Ausbildungsplanspiel zu. Dieses wird sich auch am schnellsten durchsetzen. Aber auch für das Forschungsplanspiel und die Simulation zeichnen sich in der Jurisprudenz viele Möglichkeiten ab. Eine dieser Möglichkeiten ist die Prognose. Sie ist für menschliches Gestalten wichtig und

---

[111] S. o. Fußn. 59 mit Nachweisen.

[112] Mit Nachweisen *Horst Koller,* aaO (Fußn. 76), S. 92, 116. So habe eine Simulationsstudie des Nutzholzmarktes an der pazifischen Küste der USA einen Zeitaufwand von etwa 8 Mannjahren erfordert und rund 95.000 $ gekostet.

[113] *Hauff, Latzelsberger,* aaO (Fußn. 38), S. 134.

[114] *Horst Koller,* aaO (Fußn. 76), rechnet allerdings bei sehr komplexen und umfangreichen Planspielmodellen zur Konstruktion bis zur Fertigstellung für den Einsatz mit einem Zeitaufwand bis zu 5 Mannjahren und mit Kosten bis zu einer halben Million DM. Zu den besonderen Fehlerquellen bei Ausbildungsplanspielen *Koller,* aaO, S. 108, 115 ff, bei Forschungsplanspielen *Barton,* loc.cit. (Fußn. 60), p. 37.

für jedes Planen unentbehrlich. Prognose allein determiniert nicht. Sie wird von der Realität immer wieder überholt und neu angestoßen. Prognose allein manipuliert auch nicht – der Mensch setzt sie ein zum Bösen oder zum Guten.

Zusammenfassung

Simulation und Planspiel haben in den Wirtschaftswissenschaften, in der Soziologie und in der Politikwissenschaft ihren Platz als nützliche methodische Hilfsmittel. Die Frage nach der Verwendung dieser Hilfsmittel auch in Recht und Gesetzgebung drängt sich auf.

Im ersten Teil des Artikels wird die Methode der Simulation dargestellt. Drei Hauptstufen lassen sich unterscheiden: Abbildung der Realität im Modell, Experiment am Modell, Auswertung und Rückschlüsse vom Modell auf die Realität. Innerhalb dieser Stufen sind für Zwecke der Analyse acht Unterstufen oder Schritte zu erkennen, die im einzelnen erörtert werden. Es folgen verschiedene Anwendungen von Modellbau und Simulation in den Wirtschafts- und Sozialwissenschaften. Schließlich werden in Anlehnung an die Ergebnisse zur Simulation die Methode und die Einsatzmöglichkeiten des Planspiels betrachtet.

Der zweite Teil befaßt sich mit Simulation und Planspiel in Recht und Gesetzgebung. Auf dem Hintergrund der geschilderten Versuche in den anderen Disziplinen zeigen sich fünf Felder möglicher rechtlicher Nutzanwendung: 1. Modelltest-Simulation (zwecks Verbesserung rechtlicher Modelle), 2. Prozeßablaufsoptimierung (z. B. im Gerichtssystem oder im parlamentarischen Prozeß), 3. Prozeßinhaltssteuerung durch Simulation oder Regelungsfolgen-Simulation (z. B. Ermittlung der Auswirkungen rechtlicher und gesetzlicher Maßnahmen auf Markt, Wirtschaft und Gesellschaft, etwa der Einführung der paritätischen Mitbestimmung), 4. Verhaltensprognose (z. B. gesetzgeberisches und richterliches Verhalten), 5. Systemstabilisierung (z. B. Leistung und Schwächen rechtlich eingesetzter Selbststeuerungsmechanismen, wie Privatautonomie, Wettbewerb). Anschließend wird die Einsetzbarkeit der Planspieltechnik erörtert. Zwei Arten des Planspiels sind zu unterscheiden: Forschungsplanspiele und Ausbildungsplanspiele. Forschungsplanspiele können ein nützliches Werkzeug beim Testen und Verbessern von Gesetzesentwürfen sein. Versuche in Bonner Ministerien bei Gesetzen aus dem Gebiet des Versicherungs-, Sozial- und Steuerrechts sind bereits durchgeführt worden. Planspiele zu Ausbildungszwecken helfen den Spielern, sich rasch mit den Charakteristiken der simulierten Realität und mit dem Verhalten der Mitspieler, das demjenigen der späteren realen Partner und Gegner entsprechen soll, bekannt und vertraut zu machen. Schließlich werden Schwierigkeiten und Chancen der Realisierung konkreter Projekte angedeutet.

Summary

Simulation and gaming have shown to be effective tools in macroeconomics, microeconomics, sociology and political science. The question arises whether these tools may be useful also in law and legislation.

In its first part the above article analyses the method of simulation. Three main stages are distinguished: Reproduction of reality in a model, experiment with the model, analysis and conclusions from the model as for the reality. Within these basic stages eight different steps may be separated for analytical purposes: 1. formulation of the problem, 2. selection, collection and preparation of the data, 3. set-up of the model, 4. critique of the model, 5. elaboration of the (computer) program, 6. computer runs, 7. evaluation of the test results, 8. possible use of the results for further simulation. Then several applications of model-building and simulation in economics and social sciences are summarized. Finally the method and the application of gaming as compared to simulation is discussed.

In the second part possible applications of simulation and gaming within law and legislation are analysed. Five different uses for simulation arise: 1. model testing simulation (for improving legal models), 2. flow improvement within legal systems (f. e. streamlining the court system), 3. steering of the impacts of laws as affecting market, economy and society (f. e. implications of introducing co-participation of workmen in the direction of enterprise), 4. prognosis of legal behavior (f. e. legislative behavior, judicial behavior),

5. systems stabilization (f. e. performance and defects of self-steering mechanisms such as contractual freedom, free enterprise, competition). Then gaming within the law is discussed. Two sorts of gaming are distinguished: research gaming and educational gaming. The former can be used as a tool for testing and improving legislative drafts. Such use has already been made by German ministries while preparing certain social laws and tax laws. The latter can help quickly to familiarize the participants in the game with the characteristics of the simulated reality and with the behavior of the coparticipants which hopefully is analogous to the behavior of the partners and adversaries in the real life situation. Finally some inherent difficulties of simulation and gaming are stressed, especially the cost issue, and some possible legal objections against the use of these methods in law and legislation are refuted.

Deskriptoren

Simulation
Planspiel
Modellbau
Methodik (der Simulation, des Planspiels)
Anwendungen (in den Wirtschafts- und Sozialwissenschaften, in Recht und Gesetzgebung)
Modelltest-Simulation
Prozeßablaufsoptimierung
Prozeßinhaltssteuerung
Regelungsfolgen-Simulation
Verhaltensprognose
Systemstabilisierung
Forschungsplanspiel
Ausbildungsplanspiel
Verwaltungsplanspiel
Experiment (in Recht und Gesetzgebung)
Unternehmensforschung
Operations Research

Herbert Fiedler *

Wandlungen der „Automationsgerechten Rechtssetzung“

Vor kurzem wurden von Regierungsseite eine ganze Reihe von „Grundsätzen“ oder „Richtlinien“ zur Sicherung der Automationsgünstigkeit künftiger Rechts- und Verwaltungsvorschriften erlassen. So in Bayern und Niedersachsen sowie in Österreich; für die Bundesrepublik Deutschland liegt ein Entwurf über „Grundsätze für die automationsgerechte Gestaltung von Rechts- und Verwaltungsvorschriften“ vor. Diese Bestrebungen sind das letzte Ergebnis der Überlegung zu einem Thema, welches im deutschen Sprachgebrauch[1] seit nun mehr als einem Jahrzehnt mit dem Stichwort „automationsgerechte Rechtssetzung“ o. ä. bezeichnet wird. Bezeichnung und Themenstellung stammen aus der Frühzeit der Automatisierung in Recht und Verwaltung. Seither ist das Thema in der Literatur[2] ausgiebig diskutiert worden. Zugleich haben sich in der Praxis manche Bedingungen verschoben, unter welchen die Automatisierung ihren Weg begann, und neuartige Perspektiven kündigen sich an. Vielleicht bahnt sich für die Thematik der „automationsgerechten Rechtssetzung“ gerade in dem Augenblick ein Wandel an, in welchem man andererseits aus der bisherigen Entwicklung normative Schlußfolgerungen i. S. der eingangs genannten „Grundsätze“ zu ziehen beginnt. Dieser Wandel entwertet die bisherigen Erfahrungen nicht; er entspricht den Wandlungsprozessen, welche in der Datenverarbeitung

---

* Überarbeitete und erweiterte Fassung eines Vortrags anläßlich des IBM-Seminars „Informationssysteme in Regierung und Verwaltung – Datenverarbeitung und Recht“, Bad Liebenzell, 5. 11. 1971

[1] Das thematische Stichwort „automationsgerechte Rechtssetzung“ wird dabei im weitesten Sinne verstanden, so daß es neben Rechtsvorschriften i. e. S. auch Verwaltungsvorschriften einschließt. – Im ausländischen Sprachgebrauch scheint sich eine entsprechende kurze Bezeichnung nicht eingeführt zu haben.

[2] Vgl. aus der Literatur insbesondere: *Klug-Fiedler,* Die Berücksichtigung der automatisierten Gesetzesausführung in der Gesetzgebung, Deutsche Rentenversicherung 1964, S. 269; *v. Berg,* Automationsgerechte Rechts- und Verwaltungsvorschriften, Köln 1968; *Luhmann,* Besprechung zur Monographie von v. Berg, Verwaltungsarchiv 1969, S. 186; *v. Oertzen,* Automationsgerechte Gesetze als Voraussetzung der Automation, Deutsches Verwaltungsblatt 1969, S. 61; *Scheubel,* Bayerns Grundsätze für eine automationsgerechte Vorschriftengestaltung, ADL-Nachrichten 1969, S. 788; *Horst Schmitt,* Art. Automationsgerechte Gesetzgebung“ in Handwörterbuch der Organisation, hersg. v. Grochla, Stuttgart 1969; *Haft,* Elektronische Datenverarbeitung im Recht, Berlin 1970, S. 72; *Kerkau,* Automatische Datenverarbeitung (ADV) – Kybernetik in Rechtswissenschaft und Praxis, Berlin 1970, S. 14; *v. Oertzen,* Automationsgerechtigkeit von Gesetzen (Vortrag auf dem 48. Deutschen Juristentag), Sitzungsbericht T zum 48. DJT, S. 29; *Raisch,* Überlegungen zur Verwendung von Datenverarbeitungsanlagen in der Gesetzgebung und im Rechtsfindungsprozeß, Juristenzeitung 1970, S. 434; *Simitis,* Informationskrise des Rechts und Datenverarbeitung, Karlsruhe 1970, S. 127; *Steinmüller,* EDV und Recht – Einführung in die Rechtsinformatik, Berlin 1970, S. 56; *Spilleke* (MdB) Probleme automationsgerechter Gesetzgebung, IBM-Nachrichten Nr. 208 (1971), S. 865.

(DV) und ihren Anwendungen so vielfältig zu beobachten waren. Ansatzpunkte eines derartigen Wandels auch in der Thematik der „automationsgerechten Rechtssetzung" bieten insbesondere die technische Perfektionierung der DV-Systeme, der Organisationstrend zur „Integration" von DV-Anwendungen, die Tendenz zum „Informationssystem" gegenüber der bloßen Vollzugsautomation sowie die zunehmende Beachtung von Sekundär- und Folgewirkungen der Automation auch in Recht und Verwaltung.

Inzwischen hat sich die Anwendung der Datenverarbeitung in Recht und Verwaltung durchgesetzt. Ihre Effizienz, die anfangs zu demonstrieren war, ist für viele Anwendungen heute nicht mehr zweifelhaft. Dafür beginnen ihre Folgeprobleme, wie etwa ihre Rückwirkungen auf Organisation und Aufgabenstellung, greifbare Gestalt anzunehmen und sind zumindest für viele der in Recht und Verwaltung gegenwärtig geplanten Anwendungen sehr ernst zu nehmen. Hierdurch ergibt sich eine Erweiterung und Verallgemeinerung vieler in der Frühzeit der Datenverarbeitung in Recht und Verwaltung angesprochenen Themenstellungen. Die Thesen von der Methodik der Datenverarbeitung als einem neuartigen Organisationsprinzip der geistigen Arbeit, vom Computer als neuartigem Kommunikationsmedium sind bestätigt worden. So ist wohl gerade auch an der Problematik der „automatisationsgerechten Rechtssetzung" diejenige Erweiterung und Vertiefung der Themenstellung zu verfolgen, welche inzwischen von der bloßen Anwendungspraxis der DV in Recht und Verwaltung zum Postulat der neuen Disziplin „Rechtsinformatik" (Juristische Informatik) geführt hat[3]. Das Verhältnis zwischen Datenverarbeitung und Anwendungsgebiet ist hier komplexer und vielschichtiger geworden und verlangt seinerseits nach einer eigenen „Theorie". Diese betrifft nicht mehr nur die Automation einzelner Aufgaben in Recht und Verwaltung im Sinne schlichter „Rationalisierung", sondern vor allem auch die grundsätzlich neuartigen Strukturprobleme in Recht und Gesellschaft der Industriestaaten, welche durch den Computer als Organisationsprinzip und Kommunikationsmedium veranlaßt werden.

Im Folgenden soll – auch im Hinblick auf die gerade aktuellen Regierungsgrundsätze zur automationsgerechten Abfassung von Vorschriften – zunächst von der klassischen Thematik der automationsgerechten Rechtssetzung ausgegangen werden. Jedoch wird zugleich versucht, die klassische Thematik in einen zeitgemäß erweiterten Rahmen zu stellen und die Perspektiven ihrer sich abzeichnenden Wandlung zu verfolgen. In diesem Sinne werden behandelt:

1. Abgrenzung und Bedeutung
2. Entwicklung der Forderungen nach „Automationsgerechtheit"
3. Regierungsgrundsätze zur Sicherung automationsgerechter Abfassung von Vorschriften

[3] Zur Grundkonzeption der „Juristischen Informatik" oder „Rechtsinformatik" vgl. *Steinmüller*, EDV und Recht – Einführung in die Rechtsinformatik, Berlin 1970; ders., Rechtsinformatik, Elektronische Datenverarbeitung und Recht, Juristische Rundschau 1971, S. 1; *Fiedler*, Automatisierung im Recht und Juristische Informatik, Aufsatzreihe in „Juristische Schulung" 1970/71, insbes. 1970, S. 432 und 1971, S. 228; auch *Grimmer*, Social System-Engineering, Die öffentliche Verwaltung 1971, S. 487; *Simitis* (Hersg.), Materialien zur Rechtsinformatik, Frankfurt 1971.

4. Ansätze einer Klassifizierung und Systematik der Erfordernisse automationsgünstiger Abfassung von Vorschriften
5. Perspektiven zur automationsgerechten Rechtssetzung.

1. Abgrenzung und Bedeutung

1.1 Terminologie ud Abgrenzung

Betrachtet man die Forderung nach „automationsgerechten Rechts- und Verwaltungsvorschriften" aus der heutigen Situation heraus, so müßte man darunter eigentlich einen dem Zeitalter der Automation angemessenen Gesamtzustand der Rechtsordnung verstehen. Heute hat sich genügend herausgestellt, daß die DV nicht nur ein Instrument der Bürorationalisierung, sondern ein neuartiges Organisationsprinzip der geistigen Arbeit und Kommunikation ist, welches weitreichende Sekundäreffekte und Folgeprobleme auf den Plan ruft. Im weitesten Sinne „automationsgerecht" können dann nur solche Regelungen sein, welche zugleich diese Sekundäreffekte berücksichtigen und die Folgeprobleme befriedigend lösen. Man müßte also z. B. bei Vorschriften über Personaldatenbanken auch die Forderungen nach befriedigender Lösung des Datenschutzproblems[4] in das Postulat der „Automationsgerechtheit" einbeziehen. So ergibt sich der erste umfassende Sinn von „automationsgerecht": optimale Gestaltung von Regelungskomplexen im Hinblick auf das Organisationsmittel der Automation, dessen Einsatz und Folgeprobleme. Im strengen Sinne ist dies auch nach dem heutigen Stand der Erkenntnis die einzig legitime Betrachtungsweise, welche unverkürzt die gesamte Problematik erhält.

Die automationsgerechte Gestaltung von Rechts- und Verwaltungsvorschriften im weitesten Sinne erfordert damit insgesamt:

– die adäquate Nutzung des Hilfsmittels der Datenverarbeitung für die Ziele der betreffenden Regelung, welche dessen Möglichkeiten im Dienste der Gesellschaft optimal ausschöpft;
– die Berücksichtigung und Bewältigung der durch die Nutzung der Datenverarbeitung gemäß den Zielsetzungen der Regelung eventuell ausgelösten Sekundäreffekte;
– erst schließlich und insbesondere eine den technischen Erfordernissen der Datenverarbeitung im so bestimmten Rahmen günstige Gestaltung der Einzelvorschriften der betreffenden Regelung.

In diesem weitesten Sinne verstanden, umfaßt also das Postulat der Automationsgerechtheit die ganze Spannweite der Wechselwirkung zwischen Recht und

---

[4] Zur Datenschutzproblematik aus der neuesten Literatur u. a. *Seidel*, Persönlichkeitsrechtliche Probleme der elektronischen Speicherung privater Daten, Neue Juristische Wochenschrift 1970, S. 1581; *Auernhammer*, Gedanken zur Datenschutzgesetzgebung, in: Öffentliche Verwaltung und Datenverarbeitung Nr. 0, 1971, S. 24; *J. Schneider, Steinmüller, Mallmann*, Datenschutz – Datensicherung, Siemens-Schriftenreihe „Beiträge zur integrierten Datenverarbeitung in der öffentlichen Verwaltung", Heft 5, 1971; *Simitis*, Chancen und Gefahren der elektronischen Datenverarbeitung, Neue Juristische Wochenschrift 1971, S. 673; *Dammann*, Zum Datenschutz im Einwohnerwesen, Öffentliche Verwaltung und Datenverarbeitung 1972, S. 69.

Datenverarbeitung. Die Anpassung der Rechts- und Verwaltungsvorschriften an spezifische Erfordernisse des DV-Verfahrens ist darin nur ein Aspekt.

Tatsächlich hat man die Forderung nach „automationsgerechten“ Vorschriften ursprünglich nicht so verstanden und versteht sie auch heute noch nicht so, obwohl sich diese Auffassung inzwischen sehr deutlich nahelegt. Ausgangspunkt des ursprünglichen wie auch des heute verbreiteten Verständnisses ist vielmehr der Wunsch, Rechts- und Verwaltungsvorschriften „den Erfordernissen des EDV-Verfahrens anzupassen“[5], insbesondere den Erfordernissen des DV-Verfahrens beim Vollzug der betreffenden Vorschriften selbst. Es ist also hierbei noch nicht an die Berücksichtigung von Sekundär- und Folgeproblemen der Automation gedacht, sondern nur an eine „erste Stufe“ der Problematik, nämlich die Anpassung von Vorschriften an technische und organisatorische Primäreigenschaften der DV. Heute liegt es nahe, diesen klassischen Unterfall der umfassenden Problemstellung mit einem besonderen Ausdruck zu bezeichnen, etwa dem der „Automationsfreundlichkeit“ oder der „Automationsgünstigkeit“. Hier soll insbesondere die letztere Bezeichnung vorgeschlagen werden, welche klar die Zielrichtung der Anpassung an primäre Erfordernisse der DV zum Ausdruck bringt. Innerhalb der „Automationsgünstigkeit“ ließe sich dann weiter unterscheiden zwischen „automationsgeeigneten“ Vorschriften (automationsgünstig insbesondere bezüglich des Vollzugs der betr. Vorschrift selbst) und „automationsfördernden“ Vorschriften (automationsgünstig im allgemeinen Sinne, insbesondere auch bezüglich des Vollzugs anderer Vorschriften).

Insgesamt erhält man also mit diesen Unterscheidungen die Einteilung:

Automationsgerecht i. w. S. (einschließlich der Berücksichtigung der Postulate der Nutzung der Möglichkeiten der DV, der Bewältigung ihrer Folgeprobleme und der automationsgünstigen Gestaltung)

Automationsgünstig (automationsgerecht i. e. S.)

Automationsgeeignet

Automationsfördernd.

Natürlich wird in letzter Hinsicht immer die Gesamtproblematik einer „automationsgerechten“ Gestaltung der Rechtsordnung im Auge zu behalten sein, welche die Berücksichtigung von Folgeproblemen und von daher auch gerade von Einschränkungen der „Automationsgünstigkeit“ einschließt. Als Spezialproblem und „erste Stufe“ der Betrachtung aber ist es durchaus sinnvoll, auch die Anpassungsrichtung der „Automationsgünstigkeit“ alleine zu betrachten.

Objekt der Betrachtung kann sowohl eine Einzelvorschrift sein, wie auch ein Vorschriftenkomplex (etwa ein Gesetz) oder ein ganzes Vorschriftensystem (etwa eine ganze „Rechtsmaterie“ zusammengehöriger Gesetze). Mit den Vorschriften selbst wird dabei für die hier zu behandelnden Probleme der DV – die ja konkrete Probleme sind – stets auch ihr sozialer Hintergrund, ihre empirische und „rechtstatsächliche“ Grundlage in Betracht zu ziehen sein. So zeigt sich auch, daß insbesondere der Trend der „Integration“ der DV dazu

---

[5] So z. B. die Bayerischen „Vorläufigen Grundsätze für das automationsgerechte Abfassen von Vorschriften (Zit. in N. 17), Vorwort.

drängt, Einzelvorschriften hier immer mehr im Zusammenhang ganzer Vorschriftenkomplexe und Rechtsmaterien zu sehen. Neben den für die öffentliche Verwaltung maßgebenden Vorschriften – an welche hier vorzugsweise gedacht ist – sind die Fragestellungen der „Automationsgerechtheit" auch für die privatwirtschaftliche Verwaltung von Bedeutung. Gemäß der Haupttendenz der eingangs erwähnten Regierungsgrundsätze über automationsgerechte Vorschriften soll hier – mit der inzwischen entwickelten Terminologie – hauptsächlich die *automationsgünstige* Gestaltung von Rechts- und Verwaltungsvorschriften in Bezug auf die öffentlichen Aufgabenträger den Gegenstand der Betrachtung bilden. Jedoch gehört es mit zu den hier verfolgten Anliegen, diese Perspektive in verschiedenen Hinsichten zu relativieren und zu erweitern.

1.2. Bedeutung

Versteht man den Begriff der „Automationsgerechtheit" in seinem ganzen hier angedeuteten Umfang, so sind die weittragenden Folgen einer derartigen Forderung an Rechts- bnd Verwaltungsvorschriften von vornherein klar. Aber auch wenn man den Begriff – wie weitgehend üblich – mehr im Sinne der „Automationsgünstigkeit" beschränkt, ist die Bedeutung dahingehender Forderungen keine geringe. Man muß auch hier eine mehr vordergründige von einer tieferliegenden Bedeutung scheiden.

Vordergründig ist die automationsgünstige Rechtssetzung nur ein Problem der Rationalisierung der Verwaltungs- oder Justizpraxis. Gerade im Zusammenhang mit der Automatisierung wurden die Gesichtspunkte der Wirtschaftlichkeit der öffentlichen Verwaltung stärker spürbar. Der bis dahin oft wenig beachtete Verwaltungsaufwand wurde in dem Augenblick genauer kalkuliert, in welchem es um den Einsatz von DV-Anlagen ging. Dies hindert nicht, daß der „Nutzen" oder Ertrag von Verwaltungsaufwendungen auch in der Ära der Automatisierung genauso schwer – oder noch schwerer – zu bewerten ist wie vorher[6]. Jedenfalls scheint die Automatisierung insgesamt eine Art Sensibilisierung[7] gegenüber dem Wirtschaftlichkeitsgesichtspunkt[8] in Recht und Verwaltung gebracht zu haben. Im Zusammenhang damit wird auch heute noch überwiegend das Problem der automationsgünstigen Rechts- und Verwaltungsvorschriften gesehen.

Tieferliegend kündigt sich mit dem Schlagwort der „automationsgerechten Rechtssetzung" eine neue Technik und vielleicht ein neuer Stil der Rechtssetzung überhaupt an, die Technologie des Rechts im Computerzeitalter. Z. B. hat die Bundesregierung vor kurzem eine Verordnung verabschiedet, nach welcher ein Programmablaufplan (zur Berechnung des Förderungsbetrags nach dem Bundesausbildungsföderungsgesetz) festgesetzt wird. Das Bulletin der

---

[6] Zu diesem Problem etwa *Luhmann*, Recht und Automation in der öffentlichen Verwaltung, Berlin 1966, S. 116.

[7] *Klug-Fiedler*, a.a.O. (N. 2), S. 275

[8] Zur Wirtschaftlichkeit der Datenverarbeitung in der öffentlichen Verwaltung aus der Sicht der Praxis jetzt insbes. *Jähnig*, Automatisierte Datenverarbeitung in der öffentlichen Verwaltung, Köln 1971, S. 74.

Bundesregierung weist selbst darauf hin[9], daß damit erstmalig die Ausführung eines Bundesgesetzes über DV-Anlagen durch eine Verwaltungsvorschrift bundeseinheitlich festgelegt würde. Die historische Bedeutung dieses Moments wäre nicht zu unterschätzen; hier könnte sich u. a. auch eine Funktionsverschiebung zwischen Gesetzgebung und Rechtsanwendung ankündigen, deren Zulässigkeit und Grenzen noch genauer zu prüfen wären. Es scheint sehr berechtigt, daß die rechtswissenschaftliche Literatur diese Fragen heute in einem sehr grundsätzlichen Lichte betrachtet, wie es sich unter dem Stichwort der „Juristischen Informatik" (oder „Rechtsinformatik") ankündigt. Die bei *Klug*[10] wohl erstmalig und noch sehr unbefangen ausgesprochene Anregung, Gesetze in Form von Flußdiagrammen zu präzisieren (oder auch die Präzisierungsvorschläge von *Podlech*[11]) scheinen von da aus einer ersten, vergleichsweise noch naiveren Phase der Beziehungen zwischen Recht und Automation anzugehören.

1.3. Systematische Einordnung

Eine systematische Einordnung soll hier nur in Bezug auf das Teilproblem der automationsgünstigen Vorschriften und nur stichwortartig angedeutet werden. Die systematischen Stichworte sind vor allem:

- Praktikabilität von Regelungen in Recht und Verwaltung
- Gesetzgebungslehre, Gesetzgebungstechnik (hier über die Gesetzgebung hinaus zu verallgemeinern auf Rechts- und Verwaltungsvorschriften aller Art).

Hinzu kommt heute als neues systematisches Stichwort:

- Strukturtheorie der Juristischen Information und Entscheidung (Juristische Informatik, Rechtsinformatik). Eine solche Theorie hat sich insbesondere auch mit Struktur, Funktionsweise und Bedeutung von Rechts- und Verwaltungsvorschriften zu befassen.

2. Entwicklung der Forderungen nach „Automationsgerechtheit"

2.1 Probleme der Verwaltungspraxis bei der automatisierten Ausführung von Gesetzen.

Als gegen Ende der „fünfziger Jahre" bei uns die Automatisierung der Verwaltung begann, stieß man dabei bald auf Hemmnisse, welche in den bestehenden Vorschriften begründet waren. Beispiele waren etwa das Erfordernis der Namensunterschrift für Verwaltungsakte, ungeeignete Formulare, aber auch komplizierte Vorschriften zur Lohn- und Gehaltsabrechnung. Erstmalig und exemplarisch kündigte sich damit der Effekt der Wechselwirkung zwischen Recht und Datenverarbeitung an, welcher heute für das Gebiet der „Rechtsinformatik" so charakteristisch ist.

Ein klassisches Beispiel ergibt sich aus den Verhandlungen des Bundestages.

---

[9] Bulletin der Bundesregierung, Nr. 121, (1971), S. 1310.

[10] *Klug*, Juristische Logik, 3. Aufl. Berlin 1966, S. 169.

[11] *Podlech*, Logische Anforderungen kybernetischer Systeme an ihre Anwendung auf Rechtssätze, Der Betriebs-Berater, 1968, S. 108.

In der Fragestunde am 7. 12. 1960 war eine entsprechende Frage nach der automationsgünstigen Gestaltung von Rechtsvorschriften, wie Besoldungs-, Steuer- und Rentengesetzen gestellt worden. Diese wurde durch die Bundesregierung ausführlich beantwortet, insbesondere im Sinne der Bereitschaft, gegebenenfalls entsprechende Gesetzesänderungen anzuregen. Als ersten Fall einer Berücksichtigung der Automation in der Gesetzgebung bezeichnete die Regierung in ihrer Antwort die Änderung des § 9a des Einkommensteuergesetzes i. d. F. vom 13. 11. 1957 (BGBl. I, S. 1793) durch das Gesetz vom 18. 7. 1958 (BGBl. I, S. 473). Damit wurde in § 9a des Einkommensteuergesetzes der abzugsfähige Pauschbetrag für Werbungskosten bei Einnahmen aus nichtselbständiger Arbeit von DM 562 auf DM 564 erhöht – mit dem rechnerischen Vorteil, daß der neue Zahlenwert im Gegensatz zum alten durch 12 teilbar ist[12].

Der Bundesrechnungshof beschäftigte sich unter dem Gesichtspunkt der Wirtschaftlichkeit mit technisierten Verwaltungsverfahren und forderte in diesem Zusammenhang eine einfache und automationsgerechte Gestaltung der Rechtsvorschriften[13].

2.2. Entwicklung der Forderung nach „Automationsgerechtheit“ in der Literatur

Die Schwierigkeiten der Praxis wurden bald in ihrer grundsätzlichen Bedeutung erkannt[14]. Insbesondere wurden sie auch von der wissenschaftlichen Literatur angesprochen, welche sich mit den Problemen der Automation in Recht und Verwaltung zu beschäftigen begann. Hierbei wurden die Probleme der Praxis analysiert, z. T. verallgemeinert und schließlich im Sinne von Postulaten vertreten. Etwas anders als für die Praxis ging es dabei nicht nur um die Bewältigung konkreter Schwierigkeiten, sondern auch um den Versuch eines allgemeinen Überblicks und der Bestimmung rechtlicher Grenzen[15]. Schließlich münden die Bemühungen der Theorie heute in die neue Disziplin der Rechtsinformatik[16].

2.3. Aufnahme der Forderungen nach „Automationsgerechtkeit“ durch Grundsatzbestimmungen der Regierungen

Nicht nur die Schwierigkeiten und Wünsche der Praxis, auch die Analysen und Konzeptionen der Theorie waren nötig, um Grundsatzbestimmungen vorzubereiten, welche ihrerseits die Automationsgerechtheit rechtlicher Regelungen sichern sollen. Solche Grundsätze wurden bei uns seit 1969 durch verschiedene

---

[12] Verhandlungen des Dt. Bundestages, 3. Wahlper., Stenogr. Ber. Bd. 47, S. 7619.

[13] Denkschrift des Präsidenten des BRH vom 30. 10. 1962, Bundestagsdrucksache IV/854, Anlage B, S. 45.

[14] In diesem Zusamemnhang ist insbesondere auch eine Vortragsveranstaltung „Wirtschaftliche Verwaltung durch automatisationsgerechte Gesetze“ des Ausschusses für wirtschaftliche Verwaltung (AWV) im „Rationalisierungskuratorium der Wirtschaft“ (RKW) zu nennen, welche am 22. 2. 1963 in Frankfurt stattfand (Sonderheft April 1963 der AWV-Mitteilungen).

[15] Vgl. das in N. 2 genannte Schrifttum, insbes. die Monographie *v. Berg,* welche zugleich viele Beispiel zur automationsgünstigen Gestaltung von Vorschriften anführt.

[16] Vgl. oben N. 3

Regierungen erlassen, zuerst in Bayern. In der hier eingeführten Terminologie betreffen diese vor allem die Automationsgünstigkeit von Rechts- und Verwaltungsvorschriften.

3. Regierungsgrundsätze zur Sicherung automationsgerechter Abfassung von Vorschriften

3.1. Hintergrund und Bedeutung der Regierungsgrundsätze

Die bis jetzt erlassenen Grundsatzbestimmungen zur Sicherung der „automationsgerechten" Abfassung von Vorschriften gehen nicht vom Gesetzgeber, sondern von den Regierungen aus. In der hier eingeführten Terminologie geht es dabei vor allem um die automationsgünstige Gestaltung der Vorschriften. Die Regierungsgrundsätze haben zum Ziel, die automationsgünstige Gestaltung bereits der Entwürfe von Gesetzen und anderen Vorschriften zu sichern, welche ja zum großen Teil im Bereiche der Regierungen entstehen oder zu welchen die Regierungen wenigstens Formulierungshilfe leisten. Aus dieser Konstellation ergibt sich bereits ein Hinweis zur Intention und zum Stellenwert der Grundsatzbestimmungen: Sie wollen – und sollen – den Gesichtspunkt der automationsgerechten Gestaltung nur im Rahmen der sonstigen inhaltlichen Zielsetzung der betreffenden Vorschriften zur Geltung bringen. Es geht dabei um die Technik der Abfassung und Gestaltung der Vorschriften und um Randkorrekturen des Inhalts, welche sich dessen grundsätzlicher Zielsetzung unterordnen lassen.

Die bis jetzt bei uns erlassenen Grundsatzbestimmungen zur Sicherung der Automationsgünstigkeit sind vor allem:

- „Vorläufige Grundsätze für das automationsgerechte Abfassen von Vorschriften" der Bayerischen Staatsregierung vom 27. 8. 1969[17]
- „Grundsätze für die Fassung automationsgerechter Vorschriften" der Niedersächsischen Ministerien vom 1. 6. 1970[18].

Das Bundeskanzleramt der Republik Österreich hat am 23. 12. 1970 „Vorläufige Richtlinien für die Abfassung automationsgerechter Rechtsvorschriften" erlassen; das Innenministerium der Bundesrepublik hat unter dem 4. 10. 1971 einen Entwurf „Grundsätze für die automationsgerechte Gestaltung von Rechts- und Verwaltungsvorschriften" versandt. Es scheint, daß Grundsätze über die automationsgerechte Gestaltung von Vorschriften weiterhin ein wichtiges Thema bilden, welches von vielen Seiten aufgenommen werden dürfte.

3.2. Inhalt und Gliederung der Regierungsgrundsätze

Inhaltlich geht es bei den Grundsatzbestimmungen der Regierungen wohl ausschließlich um den Gesichtspunkt der automationsgünstigen Gestaltung von Vorschriften sowie um Verfahrensregelungen für die Vorbereitung von Vorschriften, welche diese automationsgünstige Gestaltung sichern sollen. Für die

---

[17] Bayer. Staatsanzeiger Nr. 36 vom 5. 9. 1969

[18] Nds. Ministerialblatt Nr. 26/1970

Automationsgünstigkeit ihrerseits scheint typischerweise vor allem an den Fall gedacht zu sein, daß die betreffenden Vorschriften die Automatisierung ihrer eigenen Anwendung erleichtern sollen, also an ihre „Automationseignung" i. S. der hier eingeführten Terminologie. Es scheinen dabei vor allem Vorschriften materiellrechtlicher Art ins Auge gefaßt, welche unmittelbar vollzogen werden können und die große Mengen von Anwendungsfällen bedingen, wie etwa Gesetze über Leistungen des Staates oder Leistungen an den Staat. Sicherlich sind es die Massenaufgaben des Gesetzesvollzugs, welche schon in der Frühzeit der Verwaltungsautomatisierung ins Auge gefaßt wurden und die für die Praxis auch heute noch im Vordergrund stehen, deren automationsgünstige Normierung hier in erster Linie gesichert werden soll. Dabei wird auch an die gegenseitigen Beziehungen verschiedener Vorschriften, insbesondere an die Einheitlichkeit ihrer Gestaltung, gedacht[19]. Form- und Verfahrensvorschriften scheinen vorwiegend insoweit in Betracht gezogen, als sie unmittelbar mit den erwähnten Vollzugsaufgaben in Zusammenhang stehen, wie etwa der Verzicht auf die Namensunterschrift bei Verwaltungsakten im maschinellen Verfahren.

Geringeres Augenmerk scheint bei den Grundsatzbestimmungen der Regierungen auf Verfahrensvorschriften im allgemeinen gerichtet, auf Organisationsvorschriften oder auf andere als Vollzugsaufgaben, wie etwa Aufgaben der Planung, Kontrolle und Information. Damit scheint die Hauptorientierung der Regierungsgrundsätze durch die bislang vorherrschende Automatisierung von Massenaufgaben des Verwaltungsvollzugs bestimmt. Die moderneren Trends der Verwaltungsautomatisierung zeichnen sich hier noch weniger ab, sind auch natürlich in ihren Anforderungen an die Gestaltung von Vorschriften noch weniger leicht abzuschätzen. Im Vordergrund steht bislang die Zielsetzung der „Automationsgerechtheit" im engsten Sinne, d. h. der Automationseignung, während die Gesichtspunkte der automationsfördernden oder nur im weiteren Sinne automationsgerechten Vorschriftengestaltung noch kaum auftauchen.

Als Beispiel für die Gliederung der Grundsatzbestimmungen sei hier die Grobgliederung der Bayerischen „Vorläufigen Grundsätze für das automationsgerechte Abfassen von Vorschriften" angeführt, welchen als Vorbild und Anregung für spätere Bemühungen auf diesem Gebiet große Bedeutung zukommt.

Diese gliedern sich in ihrem Hauptteil grob in Grundsätze für:

1. Einfachheit der Vorschriften
2. Einheitlichkeit der Vorschriften
3. Ermittlung der Sachverhalte und Erfassung der Tatbestände
4. Eindeutigkeit der Vorschriften
5. Form- und Verfahrensvorschriften
6. Verfahren beim Erlaß von Vorschriften.

Dem Hauptteil ist ein Vorwort vorangestellt, zu den einzelnen Punkten folgt jeweils eine Begründung.

---

[19] Vgl. Nr. 2 der bayerischen Grundsätze, Nr. 3 der niedersächsischen Grundsätze.

4. Ansätze einer Klassifizierung und Systematik der Erfordernisse automationsgünstiger Vorschriften

Unabhängig vom Stand der bereits bestehenden Grundsatzbestimmungen soll hier versucht werden, einige systematische Zusammenhänge aufzuweisen. Dabei geht es ganz vorwiegend um den Gesichtspunkt der Automationsgünstigkeit, d. h. der Anpassung von Vorschriften an die Bedingungen der Datenverarbeitung; zugleich soll allerdings auf den problematischen Charakter mancher dabei erhobener Forderungen hingewiesen werden. Die Fragen der „Automationsgerechtheit" der Rechtsordnung im weitesten Sinne sind damit noch kaum berührt.

Eine erste systematische Unterscheidung, welche für die Probleme der Automationsgünstigkeit von Bedeutung ist, scheint die Einteilung der Vorschriften in materiellrechtliche, Verfahrens- und Organisationsvorschriften zu sein. Eine weitere bedeutsame Unterscheidung ist durch die Einteilung der Erfordernisse der Automationsgünstigkeit in Erfordernisse einerseits des Inhalts, andererseits der Darstellungsweise von Vorschriften gegeben.

4.1. Zur Bedeutung der automationsgünstigen Gestaltung bei materiellrechtlichen Vorschriften, Organisations- und Verfahrensvorschriften

Beim Stichwort der „Automationsgerechtheit" denkt man naheliegenderweise zunächst an den Vollzug materiellrechtlicher Vorschriften, wie z. B. über Leistungen des Staates oder an den Staat. Die automationsgünstige Gestaltung derartiger Vorschriften ermöglicht insbesondere die rationelle Erledigung von Massenarbeiten. Dabei ist jedoch klar, daß Form- und Verfahrensvorschriften ebenfalls großen Einfluß haben, wie etwa das automationshemmende Erfordernis einer Namensunterschrift. Insgesamt scheint die Auswirkung von Verfahrensvorschriften auf die Automation und umgekehrt die automationsgünstige Gestaltung der Verfahrensordnungen jedoch noch weniger gut untersucht. Erst recht gilt dies für Organisationsvorschriften, deren Bedeutung für die Automation oft eine nur mittelbare sein wird und erst anläßlich der „Integration" verschiedener Aufgaben hervortritt. Hier kann der Unterschied zwischen den verschiedenen Kategorien von Vorschriften in Bezug auf die Automation nur angemerkt werden; eine ausführliche Behandlung der Organisations- und Verfahrensvorschriften in diesem Zusammenhang muß besonderen Untersuchungen vorbehalten bleiben. Dabei wäre es insbesondere von Bedeutung, daß die Durchführung von Organisations- und Verfahrensvorschriften nicht im gleichen Sinne zu „automatisieren" ist, wie diejenige materiellrechtlicher Bestimmungen. Organisations- und Verfahrensvorschriften wären bei automationsgünstiger Gestaltung eher „automationsfördernd" als„ automationsgeeignet". Natürlich müssen trotz dieser Unterschiede die drei Arten von Vorschriften hinsichtlich ihrer Rolle für automatisierte Verfahren in enger Verbindung gesehen werden.

4.2. Forderungen der Automationsgünstigkeit an den Inhalt von Vorschriften

Bis zu einem gewissen Grade kann man den Inhalt einer Vorschrift von der Art ihrer Darstellung trennen. Nur auf der Möglichkeit dieser Trennung beruht ja auch die Möglichkeit, eine „Gesetzgebungstechnik" als relativ eigenständige

Disziplin zu behandeln. Im Sinne dieser vorausgesetzen Trennbarkeit seien hier einige Forderungen der Automationsgünstigkeit von Vorschriften formuliert, welche vorzugsweise an den *Inhalt* dieser Vorschriften anknüpfen. Die Art der Formulierung dieser Forderungen enthält hier dabei zugleich eine gewisse Zuspitzung und insofern auch den Ansatz einer kritischen Stellungnahme. Folgende Anforderungen der Automationsgünstigkeit an den *Inhalt* von Vorschriften sind gestellt worden bzw. könnten gestellt werden:

a) „Verdatung" der Merkmale
(Des Tatbestands und der Rechtsfolgen; d. h. die Tatbestandsmerkmale sollen im Sinne von „Daten" möglichst leicht ermittelbar und erfaßbar sein; auf bereits erfaßte Merkmale soll möglichst zurückgegriffen werden können; z. B. sollen unbestimtme Rechtsbegriffe möglichst nicht verwendet werden.)

b) Algorithmisierung der Zusammenhänge
(d. h. die Vorschriften sollen möglichst einen eindeutigen Ableitungszusammenhang – Algorithmus – logischer oder mathematischer Art zwischen Tatbestandsmerkmalen und Rechtsfolgen ergeben; z. B. soll möglichst kein „Ermessen" eingeräumt werden.)

c) Vollständigkeit der Regelung
(Hier sind verschiedene Präzisierungen des Begriffs der Vollständigkeit möglich, aber noch nicht durchgeführt worden; man kann insbesondere an den Begriff einer „kombinatorischen Vollständigkeit" von Regelungen denken[20].)

d) Verringerung der Komplexität der Regelung
(d. h. die Vorschriften sollen möglichst einfach sein, sie sollen keine unnötigen Differenzierungen enthalten; so sind z. B. Pauschalierungen erwünscht, einheitliche Stichtage statt individuelle Fristen.)

e) Verringerung sozialer Interaktivität beim Vollzug von Vorschriften
(z. B. Verzicht auf Antragserfordernisse, Verzicht auf Vorbehalte von Zustimmungen und Genehmigungen)

f) Erleichterung von Formvorschriften für das maschinelle Verfahren
(z. B. keine eigenhändige Namensunterschrift des Sachbearbeiters)

g) Abstimmung mit der inhaltlichen Gestaltung anderer Vorschriften (insbesondere inhaltliche Vereinheitlichung mit Rücksicht auf das maschinelle Verfahren).

Von den angeführten Forderungen betreffen (a) und (b) die grundsätzliche Konstruierbarkeit der Regelung als Datenverarbeitungsverfahren; ihre volle Realisierung würde diese gewährleisten. Forderung (c) betrifft die Vollständigkeit der getroffenen Regelung und damit des dadurch eventuell definierten Datenverarbeitungsverfahrens in Bezug auf eine zu präzisierende Zielsetzung. Forderungen (d), (e) und (f) betreffen in verschiedener Weise die Vereinfachung zu definierender Verfahrensweisen, während (g) deren gegenseitigen inhaltlichen Zusammenhang betrifft.

---

[20] *Fiedler,* Juristische Logik in mathematischer Sicht, Archiv f. Rechts- und Sozialphilosophie, 1966, S. 93.

Es ist klar, daß die angeführten Forderungen nur teilweise erfüllbar sind und sich nur teilweise spezifisch aus den Notwendigkeiten der Datenverarbeitung ergeben. Z. T. stehen sie sogar im Widerspruch zu den Argumenten für die Einführung der Datenverarbeitung. So z. B. die Forderung nach „Verringerung der Komplexität"; der Computer wird ja gerade zur Beherrschung großer Komplexität empfohlen. Auch die Forderung nach der Verringerung sozialer Interaktivität ist hier bewußt als problematisch formuliert; der Computer könnte als besonders leistungsfähiges Kommunikationsmedium gerade auch der Perfektionierung sozialer Interaktion bei der Durchführung von Vorschriften dienen. Die Forderung nach gegenseitiger Abstimmung sachlich zusammenhängender Vorschriften mit Rücksicht auf das maschinelle Verfahren wird bis jetzt wohl nur unter dem Titel der „Vereinheitlichung" erhoben; man muß diese Forderung wohl aber etwas allgemeiner, nämlich im Sinne der Abstimmung schlechthin sehen. Hierunter fällt nicht nur die Gleichgestaltung, sondern jede Art automationsgünstiger inhaltlicher Verknüpfung einer Vorschrift mit einer anderen.

4.3. Forderungen der Automationsgünstigkeit an die Darstellungsweise von Vorschriften

Was die Darstellungsweise angeht, so können unter dem Gesichtspunkt der Automationsgünstigkeit insbesondere folgende Anforderungen an die Gestaltung von Vorschriften gestellt werden:

a) Ausdrücklichkeit aller in einer Vorschrift getroffenen Regelungen
(Diese sollen explizit angegeben werden und sich nicht nur mittelbar aus dem Zusammenhang erschließen lassen; auch Definitionen sind ausdrücklich zu treffen.)

b) Eindeutigkeit der Bezeichnungsweise
(Diese impliziert auch die Kontextunabhängigkeit der Bezeichnungen.)

c) Strukturell günstiger Aufbau der Vorschriften, Vorschriftenkomplexe und Vorschriftensysteme
(z. B. günstiger Aufbau aus Teilregelungen; passende Einordnung von Spezialfällen; diese Gesichtspunkte müßten allerdings noch erheblich präzisiert werden. Auch die Technik der Definitionen und Verweisungen gehört z. T. in diesen Zusammenhang.)

d) Klarheit und Transparenz der Darstellung
(Diese ergibt sich großenteils bereits aus der Erfüllung von (a) – (c). Sie sollte evtl. auch auf Kosten der Ökonomie der Formulierung realisiert werden.)

e) In geeigneten Fällen Klärung und Verdeutlichung durch Diagramme
(Auch Flußdiagramme)

f) Abstimmung mit der Darstellungstechnik anderer Vorschriften
(Insbesondere formale Vereinheitlichung mit Rücksicht auf das maschinelle Verfahren.)

Da die Forderungen an eine automationsgünstige Darstellungstechnik nicht so sehr den Inhalt der Vorschriften berühren, sind sie in der Möglichkeit ihrer Verwirklichung und in ihrer Legitimität weniger problematisch. Sie fallen in den anerkannten Bereich der Forderungen einer rationalen Gesetzgebungstechnik und auch einer neuerdings angesprochenen[21] „anwendergerechten Vorschriftengestaltung".

In den Zusammenhang der automationsgünstigen Darstellungstechnik mehr als in denjenigen einer inhaltlich automationsgünstigen Gestaltung von Vorschriften scheinen auch einige weitere Forderungen zu gehören, welche gerade erst aktuell zu werden beginnen. Hier könnten etwa ins Auge gefaßt werden die Forderungen der

– Dokumentationsgünstigkeit von Vorschriften
  (Insbesondere auch in Bezug auf maschinelle Dokumentation. Hier könnte u. a. durch teilweise „Formatierung", etwa durch entsprechende formale Gestaltung von Identifikationsmerkmalen und Zitierungen in Vorschriften die computergestützte Dokumentation erleichtert werden.)
– Änderungsgünstigkeit von Vorschriften
  (Gewisse Merkmale, bei denen die Wahrscheinlichkeit der Beeinflussung durch spätere abändernde Vorschriften vorauszusehen ist, könnten so in die Ausgangsvorschrift eingeordnet werden, daß die Durchführung von Änderungen im maschinellen Verfahren möglichst leicht fällt.)

Durch systematische Ausnutzung der Definitions- und Verweisungstechnik könnten strukturelle Zusammenhänge in Vorschriftensystemen explizit dargestellt und „Wegweiser" geschaffen werden.

5. Gegenwärtiger Stand und Perspektiven der automationsgerechten Gestaltung von Vorschriften

5.1. Der gegenwärtige Stand als Ausdruck der Automatisierung von Massenarbeiten und der Betonung des Gesichtspunkts der Automationsgünstigkeit

Ein Blick auf die heutigen Forderungen und Grundsatzbestimmungen zur „Automationsgerechtheit" von Vorschriften zeigt, daß diese den Gesichtspunkt der Automationsgünstigkeit, d. h. der Anpassung an die Erfordernisse der Datenverarbeitung, zugrundelegen und vor allem die Automatisierung von Massenarbeiten des Verwaltungsvollzugs zum Hintergrund haben. Die Entwicklungstendenzen der behördlichen Datenverarbeitung zur „Integration", zu Planungshilfen und Informationssystemen sind noch kaum darin angesprochen. Ihre Berücksichtigung müßte Gegenstand weiterer Überlegungen sein, welche sicherlich auch neue Anregungen und Wünsche zur Folge hätten. Mit Recht bezeichnen sich die gegenwärtigen Grundsatzbestimmungen zur Sicherung der „Automationsgerechtheit" daher als „vorläufig" – eine wohl permanente Eigenschaft konkreter Normierungen, die an eine wandelbare Technologie anknüpfen.

5.2. Perspektiven und Wandlungen der automationsgerechten Rechtssetzung

Im Sinne einer tendenziellen Unterordnung der Technologie der Datenverarbeitung gegenüber inhaltlichen Zielsetzungen sollte die Automationsgünstigkeit

---

[21] Vgl. *G. Diederich*, Vorschläge für anwendergerechte Verwaltungsvorschriften, Nachrichten der Bundesstelle für Büroorganisation und Bürotechnik, Nr. 2, 1972.

möglichst auf Forderungen an die Darstellungstechnik von Vorschriften führen. Vor allem bei materiellrechtlichen Vorschriften sollten die der Automationsgünstigkeit dienenden inhaltlichen Modifikationen im Rahmen der Elastizität der Zielsetzung dieser Vorschriften liegen.

Der Komplexitätsgrad von Regelungen, welcher in der Anwendung bewältigt werden kann, sollte gerade mit den Mitteln der Datenverarbeitung erhöhbar sein. Auch methodisch kalkulierte Unbestimmtheiten und Spielräume der Anwendung sollten erhalten bleiben können, ebenso wie die soziale Interaktivität der Verfahren, welche der Computer als „Kommunikationsmedium" sogar in verbesserter Weise unterstützen könnte. So gelangte man von der bloßen Forderung der Automationsgünstigkeit zur Forderung der Automationsgerechtheit in einem erweiterten Sinne, nämlich der gerade durch die Automation ermöglichten und bedingten Bürgerfreundlichkeit von Vorschriften.

Die Berücksichtigung der Trends zu computergestützten Planungshilfen und Informationssystemen in Recht und Verwaltung könnte für die automationsgünstige Gestaltung von Vorschriften etwa zu der Forderung führen, darin verwendete rechtliche Merkmale zugleich methodisch mit sozialwissenschaftlich definierten Gegebenheiten (Sozialdaten) verknüpfbar zu machen.

Wie hier nur andeutungsweise an einigen Punkten gezeigt werden konnte, scheint die heutige Situation von Recht und Datenverarbeitung auf einen Wandel des Begriffs der „Automationsgerechtheit" im Sinne einer Erweiterung und Vertiefung gegenüber der bloßen „Automationsgünstigkeit" hinzudeuten. Vielleicht führt dies einmal auf eine über das Handwerkliche hinausgehende, theoretisch fundierte Methodik der Vorschriftengestaltung, welche, weit davon entfernt, „technokratisch" zu sein, gerade unter dem Motto der „Automationsgerechtheit" die Möglichkeiten der Datenverarbeitung voll ausschöpft, um sie in den Dienst des Menschen zu stellen. Zunächst werden dazu noch viele theoretische Untersuchungen über strukturelle Eigenschaften von Vorschriften und Regelungen nötig sein – eine wichtige Aufgabe der neuen Disziplin der „Juristischen Informatik". Auch die Trends zur Integration und zum Informationssystem in Recht und Verwaltung scheinen dahin zu führen, daß die automationsgerechte Gestaltung von Vorschriften zunehmend Strukturanalysen voraussetzt, hier im Sinne von Systemanalysen ganzer Vorschriftenkomplexe und Vorschriftensysteme verstanden.

Insgesamt zeigt sich, daß die Problematik der „automationsgerechten Rechtsetzung" vielschichtiger geworden ist. Innerhalb und außerhalb der einfachen Ursprungsbedeutung einer „Anpassung von Vorschriften an die Erfordernisse ihres Vollzuges durch Datenverarbeitung" konnten hier eine ganze Reihe von Differenzierungen aufgezeigt werden. Diese sind Ausdruck ebenso einer Erweiterung wie einer Relativierung der Ausgangsforderung, welche ja als Forderung der Anpassung des Zieles an ein Mittel zu seiner Realisierung schon in sich eine unübersehbare Problematik enthält. Die sich hieran entfaltende Wechselbeziehung ist ein typischer Fall der Strukturbeziehung zwischen Recht und Datenverarbeitung, wie sie von der neuen Disziplin der Rechtsinformatik zu betrachten ist. Künftig wird die Problematik der automationsgerechten Rechts- und Verwaltungsvorschriften im weitesten hier angesprochenen Sinne einer strukturellen Wechselbeziehung ein immer selbstverständlicheres Element der rechtspolitischen Überlegungen werden. Dieses Element tritt – und hier kann eine frühere These[22] wieder aufgenommen werden, welche auch unter den Aspekten der Rechtsinformatik ihre Geltung behält – nicht etwa revolutionierend an die Stelle, sondern ergänzend an die Seite anderer juristischer Methoden und Gesichtspunkte.

Zusammenfassung
Der Wandel der „automationsgerechten Rechtssetzung" wird hier zunächst in einer Erweiterung der herkömmlichen Problematik gesehen. Neben die Forderung automationsgerechter Rechts- und Verwaltungsvorschriften i. e. S. (d. h. der Automationsgünstigkeit im Sinne der Anpassung an Erfordernisse der Datenverarbeitung) tritt dabei die Forderung der automationsgerechten Rechtssetzung i. w .S., welche außer der Automationsgünstigkeit von Vorschriften auch die Forderung nach bestmöglicher Ausnutzung der Automation im Sinne der Bürgerfreundlichkeit und die Bewältigung ihrer Folgeprobleme umfaßt. Für die Automationsgünstigkeit wird die Entwicklung dieser Forderung bis zu den vor kurzem erlassenen Regierungsgrundsätzen zu deren Sicherung verfolgt. Hingewiesen wird auf die verschiedenartige Bedeutung dieser Forderung für materiellrechtliche, Organisations- und Verfahrensvorschriften. Weiter werden die hierdurch entstehenden Anforderungen einerseits an den Inhalt, andererseits an die Darstellungsweise von Vorschriften unterschieden und ansatzweise systematisiert. Zu den Erweiterungen der Problematik der automationsgerechten Rechtssetzung gehört schließlich der Übergang von der bisher vorwiegend ins Auge gefaßten Bedeutung für Massenarbeiten des Vollzugs zu ihrer Bedeutung auch unter Berücksichtigung des Trends zur Integration und zu komplexen Informationssystemen. Der Wandel der Problematik der automationsgerechten Rechtssetzung wird in engem Zusammenhang mit den Fragestellungen einer Strukturtheorie der Automation in Recht und Verwaltung, d. h. der Juristischen Informatik, gesehen.

Summary
The change in „computer-implementable legislation" is seen first of all in an expansion of the conventional set of problems. In addition to the call for computer-implementable legal and administrative regulations in the narrow sense (i. e., favorability for automation in the sense of accomodation to the requirements of data processing) there enters the call for computer-implementable legislation in the broad sense, which besides the favorability for automation of regulations also includes the demand for the best possible utilization of the automation in the sense of being beneficial to the citizenry and overcoming the problems resulting from automation. The development of this demand for favorability of automation is traced up until the recently enacted government declarations for securing this demand. Reference is made to the different importance of this demand for substantive law, organizational regulations and procedural regulations. In addition, the requirements arising in this regard are differentiated on the one hand on the basis of the content and on the other hand on the manner of representation, and they are roughly classified. To the expansion of the set of problems of computer-implementable legislation belongs finally the transition from the previously envisioned importance predominently for mass-processing in the execution to its importance also in consideration of the trend toward integration and toward complex information systems. The change of the set of problems in computer-implementable legislation is viewed in close relationship with the problem statement of a theory of the structure for automation in law and administration, i. e., legal informatics.

[22] *Fiedler*, Rechenautomaten in Recht und Verwaltung, Juristenzeitung 1966, S. 696.

Sigmar Uhlig

Zur Problematik der Bewertung eines juristischen Informationssystems

– Eine Untersuchung zu § 6 Haushaltsgrundsätzegesetz und § 7 Bundeshaushaltsordnung –

Übersicht

1. Einleitung

Unter der Federführung des Bundesministeriums der Justiz wird an der Planung und der Vorbereitung eines Juristischen Informationssystems[1] gearbeitet. Die hierzu eingesetzte Projektgruppe hat einen Zwischenbericht veröffentlicht,[2] dessen Inhalt Gegenstand der Diskussion im Schrifttum war[3]. Die Projektgruppe konnte inzwischen einen wesentlichen Schritt ihrer Arbeit mit der Vorlage eines Schlußberichtes beenden, dessen Veröffentlichung alsbald erfolgen dürfte.

Die Aufwendungen, für ein von der öffentlichen Hand zu entwickelndes und zu betreibendes Juristisches Informationssystem werden sehr erheblich sein. Es ist daher gerechtfertigt, zu fragen, ob die dafür notwendigen Beträge sinnvoll ausgegeben werden. Nach § 6 des Haushaltsgrundsätzegesetzes (HGrG)[4] und § 7 der Bundeshaushaltsordnung (BHO)[5] ist die Aufstellung und Ausführung des Haushaltes nach den tradierten Grundsätzen der Wirtschaftlichkeit und Sparsamkeit vorzunehmen. Neu ist § 6 Abs. 2 HGrG, bzw. § 7 Abs. 2 BHO, wonach für geeignete Maßnahmen von erheblicher finanzieller Bedeutung Nutzen-Kosten-Untersuchungen anzustellen sind. Das Vorhaben der Errichtung eines Juristischen Informationssystems ist eine Maßnahme, für die eine solche Untersuchung notwendig sein dürfte[6].

---

[1] Vgl. *Fiedler*, Automatisierung im Recht und Juristische Informatik, JuS 1970, 432, 603.

[2] Beilage zum Bundesanzeiger Nr. 62 vom 31. 3. 1971.

[3] *Zielinski*, Die juristische Bundesdatenbank als rechtspolitisches Problem, JZ 1971, 409; *Uhlig*, Zur Problematik eines Juristischen Informationssystems, JZ 1971, 644; *Dammann*, Juristische Dokumentationssysteme und Rechtsentwicklung, ZRP 1971, 287.

[4] Gesetz über die Grundsätze des Haushaltsrechts des Bundes und der Länder (Haushaltsgrundsätzegesetz HGrG) vom 19. August 1969 (BGBl. I S. 1273).

[5] Bundeshaushaltsordnung vom 19. August 1969 (BGBl. I S. 1284).

[6] Die aus § 7 HGrG folgende Problematik wird hier mit Beispielen des Juristischen Informationssystems behandelt, da der Verfasser durch seine Mitwirkung in der Projekt-

Die Projektgruppe schlägt in ihrem Schlußbericht ein Entwicklungsmodell vor, um die bisher nicht lösbaren Probleme untersuchen und klären zu können. Erst danach soll, entsprechend den Ergebnissen des Entwicklungsmodells, über die Realisierung eines allgemein zugänglichen Juristischen Informationssystems entschieden werden. Grundlage für diese spätere Entscheidung wird dabei auch eine Nutzen-Kosten-Untersuchung im Sinne von § 6 Abs. 2 HGrG, § 7 Abs. 2 BHO sein müssen.

Die Durchführung einer solchen Nutzen-Kosten-Untersuchung wird auf erhebliche Schwierigkeiten stoßen, da ein allgemein anerkanntes Modell[7] für die notwendigen Untersuchungen und Bewertungen im Zusammenhang mit einem derartigen System m. E. nicht ersichtlich ist. Eine erste Abgrenzung versucht *Spörlein*[7], der ebenso wie *Reinermann*[7] auf die Schwierigkeiten und praktischen Grenzen hinweist. In den nachfolgenden Ausführungen soll daher zunächst versucht werden, einen Ansatz für solche Untersuchungen und Bewertungen zur Diskussion zu stellen. Nach Einordnung der erforderlichen Arbeiten in den Zusammenhang der Systemplanung wird eine Definition für den Umfang der Nutzen-Kosten-Untersuchung vorgeschlagen und anschließend versucht, die Bestandteile der Nutzen-Kosten-Untersuchung zu erläutern und die Art der Auswertung dazustellen. Dabei habe ich bewußt darauf verzichtet, mathematische Probleme der Auswertung einzuführen. Hierfür gibt es bereits gute Ansätze[8]; im übrigen kann dies nur ein zweiter Schritt sein, der erst nach Diskussion der vorgestellten Ansätze erfolgen sollte.

2. Einordnung der Nutzen-Kosten-Untersuchungen in die Systemplanung

Nutzen-Kosten-Untersuchungen können einzeln für jede denkbare Maßnahme oder Teilregelung erfolgen. Es dürfte aber kaum gelingen, aus solchen Untersuchungen – dabei sei die Möglichkeit der Durchführung hier unterstellt – verwertbare Entscheidungsgrundlagen zu gewinnen. Nutzen-Kosten-Untersuchungen können vielmehr nur Bestandteil umfassender Planungen sein.

Dabei soll unter Planung[9] das vorausschauende, systematische Durchdenken

---

gruppe Juristisches Informationssystem diesen Bereich besonders kennt. Die Ausführungen sind aber allgemein zu verstehen, für Planungen verschiedenster Art, z. B. Justizreform, Verwaltungsreform, Grundstücksdatenbank, Reform des Bildungswesens usw. Die Fortführung dieser Ansätze zu einem praktisch arbeitenden vielseitig einsetzbaren System für die Ausführung von Nutzen-Kosten-Untersuchungen dürfte eine lohnende aber auch zeitaufwendige Aufgabe sein.

[7] *Spörlein,* Nutzen-Kosten-Untersuchungen, DÖH, 1971, 151; *Reinermann,* Integrierte Planungs- und Kontrollsysteme im Regierungs- und Verwaltungsbereich, Bundeswehrverwaltung 1971, 121 beklagt, daß nicht alle Kosten und Auswirkungen unabhängig von der haushaltsmäßigen Zuordnung erfaßt und den Entscheidungen zugrundegelegt werden könnten, obwohl dies nach § 7 BHO = § 6 HGrG erforderlich sei.

[8] Vgl. *Zangenmeister,* Nutzwertanalyse in der Systemtechnik, München 1971; *Krelle,* Präferenz- und Entscheidungstheorie, Tübingen 1968.

[9] Definitionen entnommen aus *Zangenmeister* a.a.O. S. 20, vgl. aber insbesondere auch Chestnut, Prinzipien der Systemplanung, München 1970, S. 12; *Goller-Scheuring-Trageser,* Das KI-System, Stuttgart 1971 S. 79; *Wacker,* Betriebswirtschaftliche Informationstheorie, Opladen 1971 S. 107; *Krauch,* Wege und Ziele der Systemforschung in Heft 66 der Schriften der Arbeitsgemeinschaft für Rationalisierung des Landes NW S. 71.

und Formulieren von Verhaltensweisen, Zielen und Handlungsalternativen, deren optimale Auswahl sowie die Bestimmung von Regeln zur rationellen Verwirklichung der ausgewählten Alternative verstanden werden.

Da es sich bei einzelnen Gesetzeswerken der Rechtsordnung, beim gegenwärtigen Rechtsinformationssystem und beim geplanten Juristischen Informationssystem um komplexe Systemsachverhalte handelt, auf die systematisch die wissenschaftlich begründeten Methoden der Planung angewendet werden müßten, soll diese Art der Planung mit dem Begriff Systemplanung (system engineering) bezeichnet werden[10].

Wichtigste Voraussetzung erfolgreicher Systemplanung ist die Beantwortung der Frage, nach welchen Grundsätzen und Regeln, und unter Auswertung welcher Informationen in einer konkreten – nach Umwelt und Zeit bestimmten – Situation vorzugehen ist, um Zielsetzungen zu optimieren und bestmöglich zu realisieren. Dabei muß die Systemplanung nach einer in sich geschlossenen Struktur erfolgen, die flexibel genug ist, die Planung im Einzelfall dem zu lösenden Problem entsprechend durchzuführen und andererseits erlaubt, die Planungsgrundlagen und Planungsergebnisse mit standardisierten, aktuellen oder problemspezifischen Auswertungsprogrammen auch vom konkreten Vorhaben unabhängig auswerten zu können[11]. Zur Einordnung der Nutzen-Kosten-Untersuchungen wird die in Abbildung 1 dargestellte Struktur der Systemplanung eingeführt, die von dem Vorschlag *Zangenmeisters*[12] ausgeht, jedoch in einigen wesentlichen Punkten verändert werden mußte[13]. Die einzelnen Punkte der Struktur können kurz wie folgt beschrieben werden:

2.1 Am Anfang jeder Systemplanung – und damit auch bei derjenigen für ein Juristisches Informationssystem – stehen zunächst die aus politischer Verantwortung[14], wissenschaftlicher Erkenntnis[15] oder beruflicher Erfahrung[16] begründeten Wünsche nach Verbesserung der jeweiligen Lage durch Reform und Änderung. Diese Änderungswünsche allein sind weder als Planungs- und Entscheidungsgrundlage gedacht, noch können sie hierfür ausreichen.

2.2 Die Veränderungswünsche sind Grundlage für die zweite Stufe, in der, ausgehend von diesen Wünschen, der gegenwärtige Zustand und die mit den Veränderungswünschen zusammenhängenden Probleme einer eingehenden Analyse unterzogen werden.

---

[10] *Zangenmeister* bezeichnet diesen Komplex als Systemtechnik, dies ist aber m. E. inhaltlich nicht zutreffend, da technische Fragen nur einen Teil der Probleme ausmachen; im übrigen dürfte die Übersetzung nicht geläufig sein, z. B. im Siemens-Wörterbuch der Datenverarbeitung wird der Begriff Systemplanung für system engineering verwendet, im Wörterbuch von Bürger, Datenverarbeitung, Rechner, Büromaschinen sind für Systemtechnik = system technology angegeben, also eindeutig der vorwiegend technische Bezug klargestellt.

[11] Zur Problematik vgl. *Ehmke*, Planen ist keine Sünde, Die Zeit vom 10. 12. 1971, Computer helfen der Politik. Die Zeit vom 17. 12. 1971.

[12] *Zangenmeister*, Nutzwertanalyse in der Systemtechnik S. 29.

[13] Die Begründung der notwendigen Abweichungen würde den Rahmen dieser Arbeit sprengen, deshalb wurde davon Abstand genommen.

[14] Vgl. *Jahn*, Elektronische Datenverarbeitungsanlagen im Dienste der Justiz, Recht und Politik 1970, 90.

[15] Vgl. *Simitis*, Informationskrise des Rechts und Datenverarbeitung, Karlsruhe 1970.

[16] Vgl. *Thieme*, Rationalisierung der Rechtspflege, DRiZ 1969, 237; *Uhlig*, Fahrlässige Tötung im Straßenverkehr, Bonn 1968, S. 140; *Joachim*, Die Nutzanwendung elektronischer Datenverarbeitungssysteme für Juristen, Recht und Politik 1970, 92.

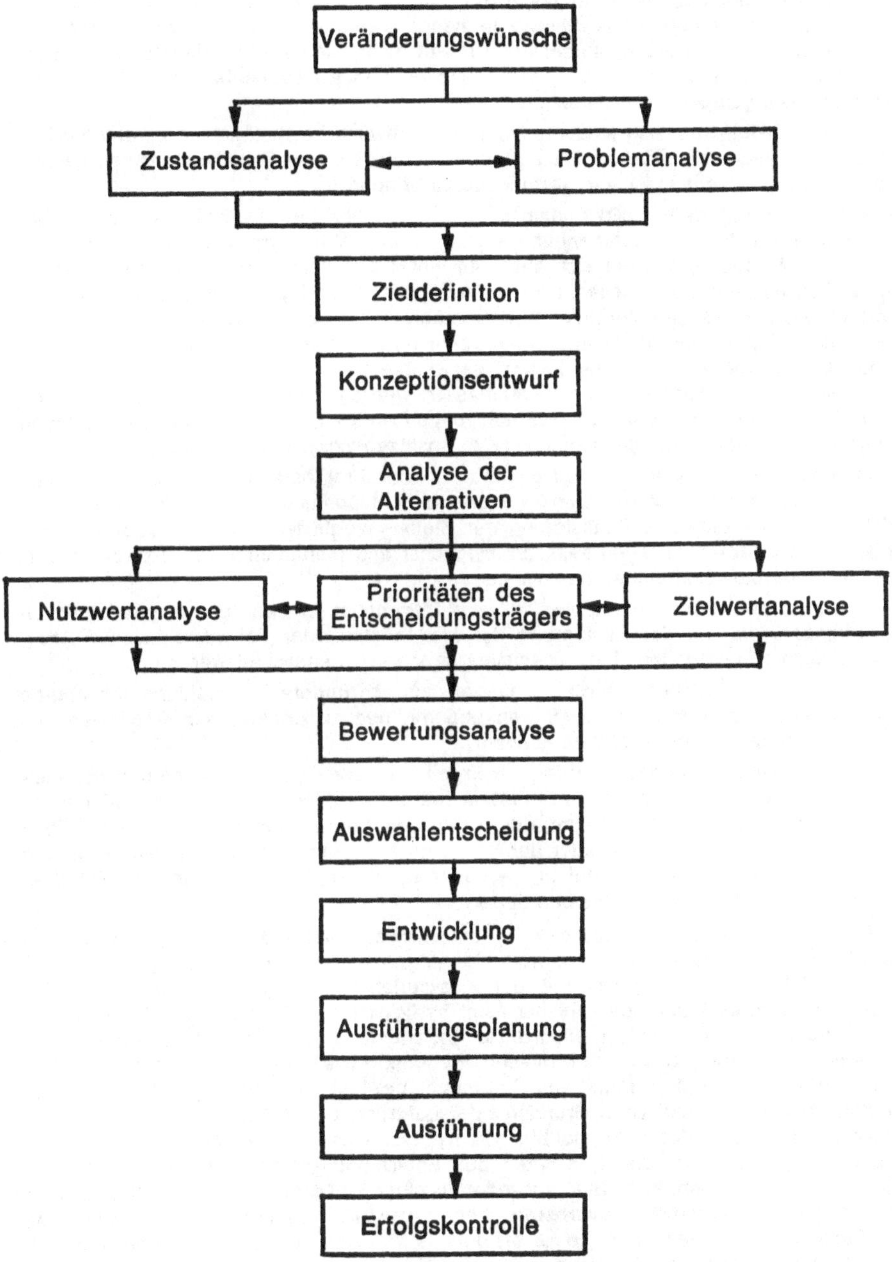

Abbildung 1: Struktur der Systemplanung

2.2.1 Die gründliche Zustandsanalyse bildet dabei im Regelfall den logischen Ausgangspunkt einer zuverlässigen Systemplanung. In dieser Analyse werden systematisch Informationen über den Teilbereich der Umwelt zusammengetragen, der durch die Veränderungswünsche unmittelbar angesprochen ist, oder auf den sich voraussichtlich die Realisierung der Veränderungswünsche in nennenswertem Umfang auswirken werden. Dabei sollten die Erscheinungsbilder der Umwelt nicht nur geordnet dargestellt werden, sondern zugleich versucht werden, ihre Ursachen und Zusammenhänge sowie erkennbare Entwicklungstendenzen herauszuarbeiten.

2.2.2 In der Problemanalyse sind die Veränderungswünsche methodisch zu untersuchen und in die in ihnen enthaltenen Einzelprobleme, Teilziele und Einzelmaßnahmen zu zerlegen und zur Zustandsanalyse in Verbindung zu bringen.

2.3 Aufbauend auf diesen Erkenntnissen sind nunmehr alle Teilziele einzeln zu beschreiben und in Form untereinander verzweigter Zielketten systematisch zu einer Zielhierarchie aufzubauen, aus der sich auch die hinter den Veränderungswünschen stehenden Globalziele ergeben. Wesentliche Aufgabe der Zieldefinition wird es dabei auch sein müssen, die aus den Veränderungswünschen entnommenen Teilziele auf ihre logische Vollständigkeit und logische Richtigkeit zu untersuchen und die herausgefundenen Globalziele entweder durch eine lückenlose Zielhierarchie zu definieren oder doch – wenn dies aus vertretbaren Gründen unterlassen werden muß – an den offenen Stellen der Zielhierarchie die Problematik verbal zu beschreiben, um den Zielzusammenhang für notwendige Entscheidungen wenigstens in Ansätzen explizit zu machen.

2.4 Im Konzeptionsentwurf sind ausgehend von der Problemanalyse zu den Teilzielen der in der Zieldefinition festgelegten Zielhierarchien Maßnahmen zu beschreiben, die eine vollständige oder teilweise Realisierung der Ziele ermöglichen können. Dabei wird besonderer Wert darauf zu legen sein, für möglichst alle Maßnahmen die denkbaren vernünftigen Alternativmaßnahmen darzustellen.

2.5 In der Analyse der Alternativen müssen Informationen über die voraussichtlichen Auswirkungen, die mit der Ausführung der Maßnahmen oder der verschiedenen Alternativmaßnahmen verbunden sind, zusammengetragen und analysiert werden.

2.6 Dies ist Voraussetzung, um die für eine allseits begründete Entscheidung notwendige Nutzwert- und Zielwertanalyse ausführen und mit den zu ermittelnden Prioritäten des Entscheidungsträgers abgleichen zu können.

2.7 In der Bewertungsanalyse werden die Ergebnisse der Nutzwertanalyse und der Zielwertanalyse unter Beachtung der Prioritäten des Entscheidungsträgers optimiert und zu konkreten Vorschlägen aufgearbeitet, die nur im geringeren Umfang Alternativvorschläge enthalten, z. B. solche, die entweder der Sache nach geboten sind (– bei vergleichbaren Wegen zu gleichwertiger Zielerfüllung –) oder aufgrund der Prioritäten des Entscheidungsträgers nicht unbeachtet bleiben dürfen.

2.8 Damit sind die Voraussetzungen für die Auswahlentscheidung vorhanden. Sie ist deshalb besonders herauszustellen, weil die Aufgaben der eigentlichen Systemplanung nur sehr selten personengleich mit der Auswahlentscheidung vorgenommen werden dürften und darüber hinaus auch bisher nicht berücksichtigte Entscheidungskriterien eingeführt werden können. Solche zusätzliche Entscheidungskriterien, die zunächst in der Systemplanung häufig unbeachtet bleiben, könnten etwa sein, Veränderung der Entscheidung, um notwendige Mittel vom Parlament bewilligt zu erhalten, Abänderung der Zeitplanung aus wahltaktischen Gründen oder aufgrund anzuwendender übergeordneter Gesichtspunkte, z. B. Konjunkturpolitik, Finanzplanung usw. Soweit diese Punkte in der Problemanalyse und bei den Prioritäten des Entscheidungsträgers noch nicht berücksichtigt werden konnten, kann dies entweder zu einer Entscheidung führen, die, da nicht auf der Planung beruhend, unvorhergesehene Auswirkungen bringen kann, oder eine Art Planungsschleife bewirken, die so oft durchlaufen werden müßte, bis eine Auswahlentscheidung getroffen werden kann, wodurch nicht unerhebliche zeitliche Verzögerungen eintreten können.

2.9 Nach der Auswahlentscheidung kann mit der eigentlichen Entwicklung begonnen werden. Die Entwicklung wird immer dann besondere Bedeutung haben, wenn für das ausgewählte System über die Zusammenfügung bereits vorhandener Einzelteile hinausgegangen wird und das gesamte System oder einzelne Systemkomponenten zunächst neu entwickelt, hergestellt, getestet und realisierungsreif gemacht werden müssen.

2.10 Die Ausführungsplanung untersucht sodann alle Einzelmaßnahmen, die zur voraussichtlich optimalen Verwirklichung der gewählten Alternativen notwendig sind.

2.11 Danach können entsprechend der Auswahlentscheidung aufgrund der Ergebnisse der Entwicklung und der Ausführungsplanung die gewählten Alternativen verwirklicht werden.

2.12 Nach der Realisierung dient das zur Vorbereitung der Auswahlentscheidung zusammengestellte Planungs- und Programminstrumentarium der Kontrolle, ob die angestrebten Ziele erfüllt werden und die prognostizierte Nutzen-Kosten-Relation eingetreten ist. Die Analysen der Ergebnisse der Erfolgskontrolle dienen darüberhinaus der Verbesserung des Planungsinstrumentariums für spätere Systemplanungen.

3. Anwendung der Systemplanung

Die vorgenannten Grundsätze der Systemplanung können für einzelne Gesetzesvorhaben und für die Planung komplexer Systeme genutzt werden. Dabei dürften sich lediglich die Gewichte und die Schwierigkeitsgrade der Einzelaufgaben verändern. Die Einzelaufgaben einer Planung können nicht isoliert voneinander gelöst werden. Sie sind in ein gefächertes Netz von Unteraufgaben aufzulösen, und in einem ständigen iterativen Prozeß in unterschiedlicher Häufigkeit zu durchdenken.

Gerade die öffentliche Hand ist auf ein Planungsinstrumentarium angewiesen, welches erlaubt, Probleme rechtzeitig zu erkennen und Lösungen in den Zusammenhang der Entwicklung zu projezieren, um nicht nur auf die Summierung von Einzelaktivitäten angewiesen zu sein. Dafür ist es notwendig, Probleme der Zukunft heute bereits zu durchdenken, auch wenn die Probleme noch nicht als problematisch empfunden werden. Dies erfordert aber auch eine Neuorientierung der Tätigkeiten der öffentlichen Hand, denn „die staatliche Verwaltung – auch die Ministerialverwaltung – sieht ihre Aufgabe traditionell darin, sogenannte vorgegebene politische Ziele in Rechtsnormen umzusetzen und diese verwaltungsmäßig durchzuführen. Sie ist weder personell noch organisatorisch darauf eingerichtet, planvoll an der Aufstellung eines Konzeptes politischer Zielsetzungen und Handlungsprogramme mitzuwirken. Die herkömmliche Ausbildung, die herkömmliche Organisations- und Motivationsstruktur stehen der Planung eher entgegen“[17].

4. Begriff der Nutzen-Kosten-Untersuchung

4.1 Eine allgemein verbindliche Definition der Nutzen-Kosten-Untersuchungen im Sinne von § 6 Abs. 2 HGrG bzw. § 7 Abs. 2 BHO ist nicht ersichtlich. Zur Begründung des § 6 Abs. 2 HGrG wird lediglich ausgeführt: „Absatz 2 legt fest, daß für geeignete Maßnahmen von erheblicher finanzieller Bedeutung Nutzen-Kosten-Untersuchungen aufzustellen sind. Diese Regelung entspricht dem Gebot moderner Haushaltspolitik, die über die fiskalischen Belange hinaus die Erkenntnisse einer fortschrttlichen Wirtschaftlichkeitsermittlung nutzt“. Eine Meinungsbildung in der juristischen Öffentlichkeit hat bisher nicht statt-

---

[17] Zitat aus *Ehmke*, „Planen ist keine Sünde“, Die Zeit vom 10. 12. 71.

gefunden. *Stubler*[18] bemüht sich, die aus der Sonderstellung des Staates folgenden Probleme volkswirtschaftlich-theoretisch zu durchdringen und die Art einer möglichen Bewertung öffentlicher Leistungen zu lösen. *Dorn-Eckstein*[19] weisen zutreffend darauf hin, daß die Nutzen-Kosten-Untersuchung als „angewandte Wohlfahrtsökonomie" letztlich das Ziel verfolge, den gesellschaftlichen Wohlstand zu heben, wobei positive und negative volkswirtschaftliche Nebenwirkungen zur Kalkulation gehören. Dagegen scheint sich ein Mißverständnis bei *Köckritz-Ermisch-Maatz*[21] und *Piduch*[22] eingeschlichen zu haben, wenn sie meinen das mit § 7 Abs. 2 BHO bzw. § 6 Abs. 2 HGrG das durch Memorandum vom 25. 8. 1965 von Präsident Johnson in den USA eingeführte „Planing, Programming and Budgetin Systems" – abgekürzt PPBS[23] teilweise in das deutsche Haushaltswesen übernommen werden sollte. Dieses System dient vorwiegend der Koordininierung, der Aufstellung von Haushaltsplänen und Finanzplanungen nach Zielen und der Zusammenfassung vielschichtiger Aktivitäten zu abgestimmten Programmbudgets, wobei der gesamtwirtschaftliche Aspekt erst in zweiter Linie berücksichtigt werden braucht. Die Anwendungen dieser Methoden vorwiegend in den militärischen Bereichen dürfte dies zusätzlich deutlich machen. Dagegen liegt das Schwergewicht der in § 7 Abs. 2 BHO, § 6 Abs. 2 HGrG vorgeschriebenen Nutzen-Kosten-Untersuchungen in der Analyse einzelner Planungen und Vorhaben. Die Ergebnisse dieser Analysen sind einerseits für Gesamtplanungen von erheblicher Bedeutung, andererseits aber Voraussetzung und Nachweis für die Notwendigkeit von Haushaltsansätzen bei geeigneten größeren Vorhaben, insbesondere auch von solchen Vorhaben, deren Wirkungen nicht in Mark und Pfennig ausdrückbar sind[24]. Die Autoren weisen dabei auf die bestehenden praktischen Schwierigkeiten hin. *Köckritz-Ermisch-Maatz* machen darauf aufmerksam, daß zur Zeit „noch keine Ausführungsvorschriften des Bundesministers der Finanzen über die Handhabung der Kosten-Nutzen-Untersuchungen in unserer Haushaltswirtschaft" vorliegen. In der Diskussion, die langfristig, ausgehend von bereits vorhandenen Überlegungen zur „cost-benefit-analyse", bzw. „cost-effectiveness-analyse"[25], ein

---

[18] *Stubler,* Allgemeine Probleme bei der Behandlung de Sektors Staat in der Volkswirtschaftlichen Gesamtrechnung, Schmollers Jahrbuch für Wirtschafts- und Sozialwissenschaften 1968, 526.

[19] *Dorn-Eckstein,* Wirtschaftlichkeit in der öffentlichen Verwaltung, Schmollers Jahrbuch für Wirtschafts- und Sozialwissenschaften 1968, 442.

[21] *Köckritz-Ermisch-Maatz,* Bundeshaushaltsordnung, Loseblattkommentar, München 1970 ff Anm. 8.2 zu § 7 BHO.

[22] *Piduch,* Kommentar zum Bundeshaushaltsrecht, Stuttgart 1970 ff, Anm. 6 zu § 7 BHO.

[23] *Reinermann,* Das Planungs-, Programmierungs- und Budgeting-System in Regierung und Verwaltung der USA, Die Verwaltung 1969, 192.

[24] Hierauf macht *Morell,* Bundeshaushaltsrecht, Loseblattkommentar Mainz 1970 ff. Anm. zu § 7 BHO zutreffend aufmerksam, der auch auf mögliche Abweichungen zu den Haushaltstechnischen Richtlinien des Bundes (HRB) für Personal- und Sachausgaben aufmerksam macht, und folgerichtig den Grundsatz vertritt, das der „gesetzliche Grundsatz der Wirtschaftlichkeit gegenüber dem Ordnungsgrundsatz der Verwaltungsvorschriften zweifellos Vorrang" hat.

[25] Vgl. beispielshaft: Cost-Benefit-Analyse und staatliche Aktivität, von *Peters,* Hamburg 1968.

Instrument staatlich-rationalen Planens und Entscheidens fördern wird, sollen zunächst aus Veröffentlichungen zu neueren Projekten die dort enthaltenen Angaben zur Wirtschaftlichkeit zitiert werden, um anschließend einen eigenen Vorschlag zur Diskussion zu stellen.

Hammersbacher macht es sich in seinem Beitrag „Computer in der Rechtsanwendung – Ein Beitrag zur Frage: Können Computer im Rechtswesen wirtschaftlich[26] eingesetzt werden?[27] sehr leicht, indem er neben der Darlegung von einigen Problemen des Einsatzes der EDV im Rechtswesen nur sagt, dieser Einsatz werde „große Zeit- und Kostenvorteile" bringen. Zur Einführung eines Personenkennzeichens wird nach Abschätzung der entstehenden Kosten ausgeführt,[28] diesen Aufwendungen „ist auf lange Sicht der Rationalisierungsgewinn gegenüberzustellen" der allerdings nicht berechenbar sei, „weil noch nicht voll übersehen werden kann, welche Verwaltungsbereiche sich diese Möglichkeiten zunutze machen werden". In den Grundsätzen des Landes Niedersachsen für die Fassung automationsgerechter Vorschriften[29] wird im Vorwort betont, daß die Richtlinien „nach dem gegenwärtigen Stand der Technik und dem augenblicklichen Preis/Leistungsverhältnis der elektronischen Datenverarbeitungsanlagen geboten sind", in der Begründung werden einige Auswirkungsmöglichkeiten erwähnt und im übrigen bemerkt: „Die Wirtschaftlichkeit des Einsatzes elektronischer Datenverarbeitungsanlagen wächst mit der Zahl der zu verarbeitenden gleichgelagerten Fälle". *Schaper-Schulz*[30] sagen in der beeindruckenden Darstellung der Aufgaben in der Bundesanstalt für Arbeit lediglich zur Zentralisierung, daß diese aus Gründen der Wirtschaftlichkeit notwendig sei. Es ist bedauerlich, daß sie nicht auch die Grundzüge ihrer Nutzen-Kosten-Untersuchung nach § 7 BHO in diesem Beitrag zur Diskussion gestellt haben. *Brackmann-Heußner* u. a. listen in ihrer „Grundkonzeption für die Errichtung einer sozialrechtlichen Datenbank"[31] eine Reihe von voraussichtlichen Vorteilen verbal auf und schließen daraus, daß ein solches System „der Rechtspflege, der Wissenschaft, der Verwaltung und der Allgemeinheit dienen kann". Das „Rahmen-Soll-Konzept Grundstücksdatenbank" von *Rattel-Göttlinger* u.a.[32] geht schon wesentlich weiter, indem es eine Wirtschaftlichkeitsberechnung als Vergleich der Personal- und Sachkostenaufwendungen der derzeitigen und des vorgeschlagenen Systems enthält.

Den Anforderungen des § 6 Abs. 2 HGrG bzw. § 7 Abs. 2 BHO an eine ideale Nutzen-Kosten-Untersuchung dürften die Ausführungen in den Veröffentlichun-

---

[26] Zur Durchsetzung einer wirtschaftlichen Haushaltsführung sind dabei zusätzlich insbesondere die §§ 6, 8, 17, 23, 23, 26, 34, 50, 55, 58, 64, 65, 88, 89, 90, 97 und 99 BHO zu beachten.

[27] IBM-Nachrichten 1969. S. 663.

[28] Personenkennzeichen, Heft 7 der Schriftenreihe Öffentlichkeitsarbeit des Bundesinnenministeriums, Bonn 1971 S. 36.

[29] Rd.Erl.D. Nds MdI vom 1. 6. 1970, Nds MBL 1970 S. 732.

[30] *Schaper-Schulz,* Elektronische Datenverarbeitung in der Bundesanstalt für Arbeit, Bundesarbeitsblatt 1971, 167.

[31] Arbeitspapiere Rechtsinformatik Heft 6, Berlin 1971 S. 7/8.

[32] Arbeitspapiere Rechtsinformatik Heft 5, Berlin 1971 S. 206.

gen nicht voll entsprechen.

4.2 Es wird vorgeschlagen, als Nutzen-Kosten-Untersuchung im Sinne von § 6 Abs. 2 HGrG bzw. § 7 Abs. 2 BHO der Analyse der Alternativen, die Nutzwertanalyse, die Einbeziehung der Prioritäten des Entscheidungsträgers, die Zielwertanalyse und die Bewertungsanalyse zu verstehen.

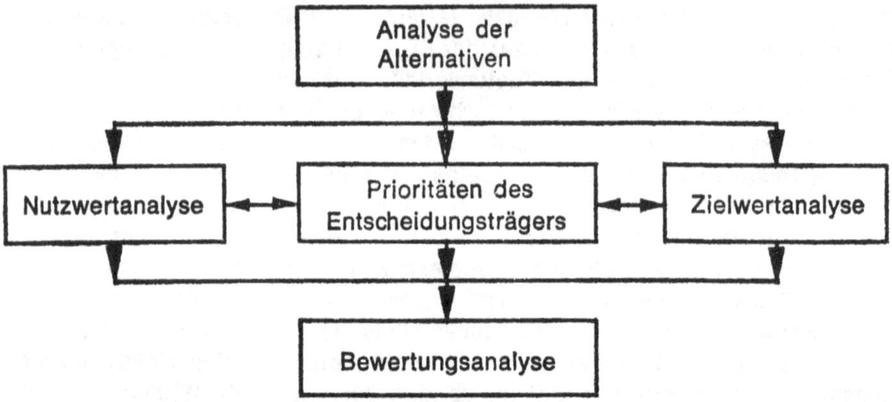

Abbildung 2: Struktur der Nutzen-Kosten-Untersuchung

4.3 Dieser Vorschlag weicht bewußt von bisherigen Vorstellungen und Abgrenzungsversuchungen ab, die im Zusammenhang mit Dokumentationssystemen zumeist lediglich entweder eine Art Kostenbemessungen ermöglichen, oder letztlich auf den Einnahme-Ausgabe-Vergleich zurückführen würden[33]. So wesentlich solche Verfahren im Zusammenhang einer Gesamtplanung und als möglicher Teil einer Nutzen-Kosten-Untersuchung auch sind, so geben sie doch kaum auswertbare Entscheidungsgrundlagen, die auf bestimmte Planungsein-

[33] Auch *Kißler,* Wirtschaftlichkeitsrechnungen, Zeitschrift für das Post- und Fernmeldewesen 1971, 476 macht ausdrücklich aufmerksam, daß die Einführung eines komplizierten Verfahrens" so weitreichende Auswirkungen haben kann, da sie mit dem Instrument der Wirtschaftlichkeitsrechnung nicht mehr vollständig zu erfassen sind".
Nübling, Wie teuer ist Information, Nachr.Dok. 1970, 152 bringt zwar ein Verfahren zur Kostenmessung, zeigt aber den Bezug auf: „Ein Laborchemiker (Gehalt der Mitarbeiter, Chemikalien, Geräte, Energie usw.) kosten jährlich etwa 200.000 DM. Da sich z. Z. eine effektive jährliche Arbeitszeit von etwa 105.000 Minuten errechnet, kostet eine Laborminute also etwa 2,– DM, eine Laborstunde 120,– DM. Es sind somit erhebliche Beträge, die auf dem Spiele stehen, wenn aus ungenügender Kenntnis des augenblicklichen Standes der Technik unnötige experimentelle Tätigkeit veranlaßt wird."
mation retrieval and dissemination systems. J. of the amer. Soc. for Inform. Sci. 22
Vgl. zur Problematik weiter: *Lancaster,* F. W., The cost-effectiveness analysis of infor-
(1971) 1, S. 12–27, *Buchanan,* J. R., Evaluation and cost analysis of computerized information analysis center operations. In: HrsG.: Advisory Group for Aerospace res. and Dev. Problems in mechanization of small information centers. London: 1970. S. 103-113. *Robertson, S. E.; Reynolds, R.; Wilkin, A. P.,* Standard costing for information systems: Background to a current study, Aslib proc. 22 (1970) 9, S. 452–457. *Standwood, R. H.,* The cost of a computerized information retrieval system, An: Hrsg: *Samuelson,* K. Mechanized information storage, retrieval and sissemination. Amsterdam: North Holland Publishing Co. 1968. S. 391–406.

heiten bezogen werden können. *Schwuchow*[34] untersucht das Problem der Wirtschaftlichkeitsmessung, aber der größte Teil der Arbeit gilt den Problemen der Kostenmessung und der Bestimmung von systembezogenen Leistungsindikatoren. In seinen ersten Ansätzen einer „Werttheorie des Information Retrieval" erkennt er die Notwendigkeit an, den „Nutzen des Systems (für seine konkreten Benutzer oder im weiteren Sinne für die Gesellschaft) mit seinen Kosten" zu vergleichen. Einen wesentlichen Schritt weiter geht *Recktenwald*[35], der als Aufgabe insbesondere hervorhebt, die Nutzen-Kosten-Analyse solle mithelfen, wenn über die Wirtschaftlichkeit eines öffentlichen Projektes zu entscheiden ist, wenn aus einer Reihe sich gegenseitig ausschließender Projekte einzelne ausgewählt werden müssen, oder wenn der geeignete Zeitpunkt einer Systemrealisierung festzulegen sei. Die verdienstvolle Arbeit wird bei der in späteren Beiträgen notwendigen praktischen Ausgestaltung und theoretischen Absicherung der einzelnen Komponenten und Einheiten, sowie für die Festlegung der Art der Auswertung dieser Daten und ihres Einflusses auf das Gesamtergebnis eine beachtliche Rolle spielen. *Pietzsch*[36] erkennt die Problematik und meint, daß man manches zwar berechnen kann, aber mehr schätzen muß. Einiges wird nur analog beschreibbar bleiben, also nur unternehmenspolitisch zu behandeln sein. Weiter geht *Mueller*[37], der im Hinblick auf die Auswirkungen in einem konkreten Betrieb Teiluntersuchungen angestellt hat und danach die rationale Bewertung von Informationssystemen und die Messung des Wertes von Informationen für möglich hält und rückwirkend von den Ergebnissen solcher Messungen die Gestaltung des Informationssystems vornehmen möchte. *Hardegen-Eggeling*[38] zeigen die Anwendungen gleicher Gesichtspunkte für den Bau von Verkehrsanlagen auf.

4.4 Jede Nutzen-Kosten-Untersuchung für ein von der öffentlichen Hand zu planendes oder zu errichtendes System – also auch für das Juristische Informationssystem – wird auf wesentliche Schwierigkeiten stoßen.

4.4.1 Es dürfte nur in sehr begrenztem Umfang die Möglichkeit eines echten Verfahrensvergleiches zwischen den bisherigen und einem vorzuschlagenden neuen Verfahren bestehen. Um so wesentlicher scheint es daher zu sein, in die Nutzen-Kosten-Untersuchung auch die denkbaren Alternativen einzubeziehen, um aus der Abwägung verschiedener Lösungsmöglichkeiten oder dem Nachweis des Nichtvorhandenseins von Alternativen klare Bewertungsfaktoren zu erhalten.

4.4.2 Auch darf nicht mit der Vorstellung gearbeitet werden, die Nutzen-Kosten-Untersuchung für Projekte der öffentlichen Hand könnten ähnlich wie

---

[34] Zur Messung der Wirtschaftlichkeit von Dokumentnachweissystemen, München-Pullach 1970.

[35] *Recktenwald*, Die Nutzen-Kosten-Analyse Tübingen 1971, derselbe, Nutzen-Kosten-Analyse und Programmbudget, Tübingen 1970.

[36] *Pietzsch*, Informationskosten – Informationsnutzen, Rationalisierung 1970 S. 111.

[37] *Mueller*, Zeit-Kosten- und Wert-Faktoren der Informations-Erschließung, IBM-Nachrichten 1961, 1348.

[38] *Hardegen-Eggeling*, Kosten-Nutzen-Analyse – eine Methode zur Beurteilung der Wirtschaftlichkeit öffentlicher Investitionen, Der Städtetag 1969, 218.

bei denjenigen der Privatwirtschaft unter dem Gesichtspunkt der schlußendlichen Auswirkung auf den Gewinn des Unternehmens gesehen und dann als positiv bewertet werden, wenn das Ergebnis zur Gewinnsteigerung beiträgt. Vielmehr spielen die verschiedensten Gesichtspunkte eine mitentscheidende Rolle, die zunächst in etwa drei Gruppen eingeteilt werden können:

4.4.2.1 Aufwendungen und Nutzen öffentlicher Systeme sind nur zu einem Teil quantifizierbar und treten an den verschiedensten Stellen der Gesellschaft und Wirtschaft auf, ohne sich beim Systemträger unmittelbar auszuwirken.

4.4.2.2 Jeder Entscheidungsträger der öffentlichen Hand wird auch an Teil- oder Globalziele gebunden sein, die, wenn lediglich unter dem Gesichtspunkt privater Gewinnmaximierung gearbeitet würde, unbeachtet bleiben dürften.

4.4.2.3 Schließlich wird der Entscheidungsträger öffentlicher Systeme sich von vielfältigen Motivationen leiten lassen und die unterschiedlichsten Bestrebungen vereinen müssen.

5. Analyse der Alternativen

Die Analyse der Alternativen basiert auf der Zustandsanalyse, den Zieldefinitionen und den im Konzeptionsentwurf angegebenen Alternativmaßnahmen. Es kann davon ausgegangen werden, daß zu n verschiedenen Globalzielen (GZ_1 .... GZn) jeweils n verschiedenen Ziele (Z_1 .... Zn) angegeben werden, und zur Realisierung eines Zieles Z können dabei bis zu n-verschiedene Maßnahmen (M_1 .... Mn) führen. Dabei wird sich ergeben, daß nicht alle Maßnahmen M_1 .... Mn zur Realisierung unterschiedlicher Ziele Z_1 .... Zn sinnvoll miteinander kombiniert werden können. Es dürfte vorkommen, daß Globalziele GZ_1 .... GZn auch dann für die praktische Anwendung ausreichend realisiert werden können, wenn die zugehörigen Ziele Z_1 .... Zn oder die darin enthaltenen Teilziele TZ_1 .... TZn nicht oder nur teilweise berücksichtigt werden.

Diese Abhängigkeiten der einzelnen Maßnahmen sind bei den Komponenten Aufwand, Zeit und Folgen zu jeder Maßnahme in geeigneter Form darzustellen und in bewertbare Kriterien zu überführen. Dafür wird es zweckmäßig sein, die

Zn ——→ Aufwand bzw. F, PE, KE, LE, NE, SN, ZE

↓ Maßnahmen bzw. Z, GZ, TZ

Auswahl nach Aufwand	A 1	A 2	A 3	A 4	A 5	A 6	A 7	A 8	A 9	A 10	A 11	A 12	A 13	A 14	A 15	A 16	A 17	A 18	A 19	A 20	A 21	A 22	A 23	A 24	A 25	A 26	A 27	A ... n
M 1																												
M 2																												
M 3																												
M 4																												
M 5																												
M 6																												
M 7																												
M 8																												
M 9																												
M ... n																												

Abbildung 3: Zuordnungen

Einzelfaktoren des Aufwandes (A_1 .... An) der angesprochenen Zieleinheiten (ZE_1 .... ZEn) und der Folgen (F_1 .... Fn) in solchen Einzelposten darzustellen, daß eine eindeutige Zuordnung zu einzelnen Maßnahmen möglich ist.

Die besonderen Schwierigkeiten einer solchen Vergehensweise liegen darin, daß insbesondere die technischen Einzelheiten so durchdrungen werden müssen, daß über pauschale Allgemeinbeurteilungen hinaus explizit gemacht werden kann, wie Aufwand, Folgen und Zeit zusammenhängen, da nur die eindeutige Zuordnung zu den Einheiten der einzelnen Komponenten Entscheidungsgrundlagen liefern kann. Allerdings wird – auch bei erheblichem Aufwand – eine Reihe von Faktoren nur durch qualifizierte Schätzung zu ermitteln sein. Dies dann auch erkennbar zu machen, dürfte selbstverständlich sein. Andererseits bietet eine solche Explizierung des Planungsprozesses die Möglichkeit, solche Folgen abzumildern, die sich daraus notwendigerweise ergeben müssen, daß der Entscheidungsträger und die von der Entscheidung betroffenen Bürger häufig auch bestimmte Einzelheiten der Planung und Entwicklung mangels notwendiger Transparenz oder Darstellung nicht nachvollziehen oder kontrollieren können.

6. Zielwertanalyse

Die Zielwertanalyse ist kein Instrument zur Quantifizierung der Zielerfüllung. Vielmehr soll die Systemplanung bei der Zieldefinition zu einer geschlossenen Zielhierarchie führen, die über die am Beginn stehenden Veränderungswünsche weit hinausgehen kann. In einer solchen Zielhierarchie werden Globalziele, Ziele und Teilziele von unterschiedlicher Wichtigkeit enthalten sein. Diese müssen zur Vorbereitung notwendiger Entscheidungen geordnet werden. Dabei wird eine Klassifizierung in zunächst vier Gruppen möglich sein.

a) GZ, Z, TZ die bei einer Systemrealisierung notwendigerweise erfüllt werden müssen[39] und für die lediglich der bestmögliche Weg zu ermitteln ist.

b) GZ, Z, TZ die bei einer Systemrealisierung nicht notwendigerweise mit realisiert werden müssen, sondern nur dann realisiert werden sollen, wenn das angestrebte Ziel, den zu erbringenden Aufwand und die Folgen unter Berücksichtigung des Nutzwertes rechtfertigt.

c) GZ, Z, TZ die wesentliche oder gesonderte Aufwendungen nicht rechtfertigen, aber als Nebenprodukt der Systemrealisierung gewünscht werden könnten. Hier ist lediglich zu prüfen, welcher Mehraufwand bei der Realisierung ent-

---

[39] Hierbei kann es sich um Anforderungen verschiedenster Art handeln, insbesondere auch um rechtliche, z. B. verfassungsrechtliche Gestaltung, Schutz der Privatsphäre, Nichtdiskriminierung einzelner Benutzer usw., vgl. z. B. Empfehlungen der Kommission des Deutschen Juristentages e. V. zur Untersuchung von mit der Datenverarbeitung im Recht verbundenen Fragen, Sitzungsbericht T zum 48. Deutschen Juristentag, München 1970 S. T 44; aber etwa auch die Forderung daß eine Auskunft eines Systems nach einem juristischen Dokument in allen Orten der Bundesrepublik gleich teuer sein sollte; vgl. zur rechtlichen Problematik z. B. *Podlech,* Verfassungsrechtliche Probleme öffentlicher Datenbanken, DÖV 1970, 473; *Kamlah,* Datenüberwachung und Bundesverfassungsgericht, DÖV 1970, 361; *Simitis,* Chancen und Gefahren der elektronischen Datenverarbeitung, NJW 1971, 673.

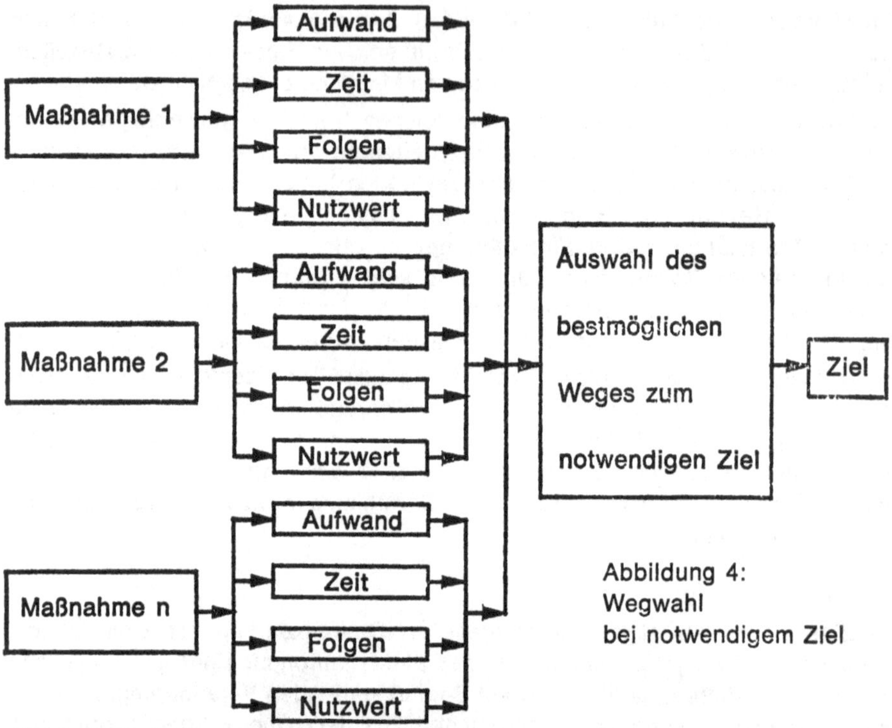

Abbildung 4:
Wegwahl
bei notwendigem Ziel

stünde und ob dieser Mehraufwand durch einen erhöhten Nutzwert oder durch den Wert des Zieles gerechtfertigt werden kann.

d) GZ, Z, TZ die von den Veränderungswünschen nicht umfast werden und auch aus dem Zusammenhang der Systemplanung heraus nicht notwendig sind, aber zur Verbesserung der Nutzen-Kosten-Verhältnisse beitragen können. Hier ist zu untersuchen, welcher Nutzen die etwa erforderlichen Mehraufwendungen übersteigt und ob sonstige Folgen vorhanden sein würden, die der Realisierung entgegenstehen könnten.

7. Prioritäten des Entscheidungsträgers

Ein wesentliches Problem jeder Systemplanung besteht in der Schwierigkeit, Bewertungskriterien des Entscheidungsträgers bei der Planung zu berücksichtigen. Hierfür gibt es verschiedene Gründe. Zwei dieser Gründe, die m. E. bei jedem Entscheidungsträger auftreten können, der über eine größere Zahl hierarchich gestufter Mitarbeiter verfügt, dürften folgende sein:

– Die gesamte Problematik der Systemplanung kann mit dem Entscheidungsträger nicht diskutiert werden, sondern lediglich eine Auswahl der Probleme, Ziele und Voraussetzungen[40]. Hierdurch besteht immer die Gefahr wechsel-

---

[40] *Ehmke* a.a.O. geht für die von ihm so genannte „Uproduktion" noch weiter, nach seiner Meinung „eröffnet der Umstand, daß auf den weiterverarbeitenden Stufen der Hierarchie nur die jeweils strittig gebliebenen Fragen bearbeitet werden, die Möglichkeit, daß die Grundfragen in den Referaten beschlossen werden, während das Kabinett nur in letzter Minute Korrekturen anbringt".

seitiger Mißverständnisse, deren Auswirkungen durch eine wesentliche Funktion der Hierarchie – Verwirklichung der Forderungen des Entscheidungsträgers – übermäßig verstärkt werden können.

- Jeder Entscheidungsträger wendet bei der Beurteilung von Planungen neben der Berücksichtigung der Ergebnisse einer Zielwertanalyse und einer Nutzwertanalyse andere Kriterien an, die oft nicht explizit gemacht werden. Solche Kriterien könnten etwa sein:

  Politische Wertvorstellungen, tatsächliche oder taktische Berücksichtigung von Forderungen religiöser oder gesellschaftlicher Gruppen bzw. von Interessentengruppen, öffentliche Meinung, wahltaktische Gesichtspunkte u. a..

Die Berücksichtigung solcher Gesichtspunkte ist an sich weder schlecht noch nachteilig für eine erfolgreiche Planung, allerdings müßte die Berücksichtigung auch instrumental vorgesehen werden. Es gilt dabei ein Instrumentarium zu verwenden, durch welches der Entscheidungsträger vor den Ergebnissen möglicher Mißverständnisse geschützt wird und den Systemplanern ermöglicht wird, die zusätzlichen Prioritätsvorstellungen des Entscheidungsträgers in die Systemplanung einzubeziehen. Nur so kann gewährleistet werden, daß die Bewertung und die Auswahlentscheidung auch die legitimen Interessen des Entscheidungsträgers berücksichtigt.

Wegen der Besonderheit dieser Problematik sollten diese Prioritätskriterien völlig getrennt werden von den aus der Zielwert- und Nutzwertanalyse sich ergebenden Entscheidungsgesichtspunkten, insbesondere auch, um die sich in der Entscheidung auswirkenden Entschlußgrößen transparent halten können. Die Prioritäten des Entscheidungsträgers müßten genau ermittelt und in solche Einheiten (PE_1 . . . . PEn) zerlegt werden, die eindeutig einzelnen Zielen Z, evtl. auch einzelnen Maßnahmen M zugeordnet werden können. Die größte Schwierigkeit dürfte dabei in der Ermittlung der Prioritäten des Entscheidungsträgers liegen und darin, die Prioritäten mit dem richtigen Gewicht zu verstehen. Dies dürfte aber eine der wesentlichen Voraussetzungen sein, um die Systemplanung, die immer auch politische Planung ist, in den Regierungsapparat zu integrieren.

8. Nutzwertanalyse

Bestimmend für das Ergebnis der Nutzwertanalyse wird es sein, welche finanziellen Aufwendungen für das System gemacht werden müssen und welche Leistungen das System erbringen kann. Die Aufwendungen werden wesentlich die Leistungen des Systems und damit den möglichen Nutzen bestimmen. Ein Juristisches Informationssystem dürfte – sobald es einmal eingeführt sein wird – in verschiedenster Form für die Gesellschaft Nutzen bringen können. Diese allgemeine Aussage nutzt aber wenig, wenn eine Nutzwertanalyse für das System oder für die Realisierung der Einzelziele GZ, Z, TZ ausgeführt werden soll.

Zunächst wird man davon ausgehen können, daß sich der Nutzen eines solchen Systems in zwei Gruppen wird zusammenfassen lassen.

- Nutzen, der sich im Prinzip wirtschaftlich quantifizieren läßt, weil er sich bei dem Aufwand für oder im Ergebnis anfallender Arbeiten unmittelbar oder mittelbar auswirkt.

– Nutzen, der durch ein System angestrebt wird, oder sich aus der Systemrealisierung ergibt, aber zunächst weder einen wirtschaftlichen Nachteil oder Vorteil darstellt und mangels konkreter Bezugspunkte nicht zu wirtschaftlichen Faktoren quantifizierbar ist.

Eine Nutzwertanalyse kann rein betriebswirtschaftlich aufgezogen werden, indem etwa der finanzielle Aufwand, der für ein System notwendig ist, verglichen wird mit den Gebühren/Steuern, die für die Zurverfügungstellung des Systems eingenommen werden können. Dies beinhaltet aber verschiedene politische Vorentscheidungen, insbesondere diejenige, daß die Kosten des Systems nach irgendeinem Schlüssel direkt auf die Benutzer umgelegt werden sollen. Soweit eine solche Einnahme/Ausgabe-Rechnung vorgenommen werden muß, dürfte dies relativ einfach sein, sobald die entsprechenden Daten zur Verfügung stehen. Dieser Weg soll hier jedoch nicht gegangen werden.

8.1 Kosten des Gesamtsystems

Jedes System wird verschiedene Kosten erfordern. Für jede Einzelposition wird dabei auch zu prüfen sein, ob es sich um solche Kosten handelt, die für langfristig nutzbare Teilergebnisse ausgegeben werden oder ob sie lediglich dem Betrieb oder sofort aufzuzehrender Ergebnisse dienen. Dabei entstehen einmal die Kosten für das gesamte System und Kosten bei dem einzelnen Benutzer. Die für das System anfallenden Kosten und die Summe der bei der Gesamtheit der Benutzer anfallenden Kosten können dabei als Gesamtkosten des Systems verstanden werden.

8.1.1 Kosten beim System

Für die Ermittlung der Kosten müßte ein entsprechendes Schema aufgestellt werden. Hier soll folgendes Beispiel Verwendung finden:

8.1.1.1 Einmalige Kosten

A. Projektierung
- a) Planungsgruppen (Personal)
- b) Verfahrenstest, Maschinenkosten, Miete, Kauf
- c) wissenschaftliche Grundlagenforschung
- d) allgemeine Sachkosten

B. Verfahrenseinführung
- a) Rückwärtsdokumentation
  - aa) Datenerfassung
  - bb) Datenaufbereitung
  - cc) Dateneingabe
  - dd) urheberrechtliche Gebühren
  - ee) sonstige Fremdkosten
- b) allgemeine Personalkosten
- c) Sachkosten
- d) Schulung und Information des Personals
- e) Schulung und Information des Benutzers
- f) Öffentlichkeitsarbeit und Werbung
- g) einmalige Installationskosten
- h) Programmierung (Systemanpassung)
- i) Sonstiges

8.1.1.2 Laufende Kosten

A. Rechenzentrum Betrieb
   a) Datenverarbeitungsanlagen (Miete, Abschreibung)
   b) Raum, Energie
   c) Personalkosten
   d) Materialkosten
   e) allgemeine Sachkosten

B. Vorwärtsdokumentation
   a) Datenerfassung
   b) Datenaufbereitung
   c) Dateneingabe
   d) urheberrechtliche Gebühren
   e) sonstige Fremdkosten
   f) Personalkosten
   g) Maschinenkosten
   h) allgemeine Sachkosten
   d) urheberrechtliche Gebühren

C. Benutzerkosten
   a) Suchprozedur
   b) Teilhaberbetrieb
   c) Datenübertragung

D. Systemweiterentwicklung

E. Kosten des Organisationsträgers soweit keine Einzelkosten
   a) Kostenabrechnung, Information, Schulung

8.1.2 Kosten der Benutzer

Auf der Benutzerseite eines Juristischen Informationssystems treten ebenfalls Kosten auf. Auch hier scheint es sinnvoll, verschiedene Kostengruppen auseinander zu halten, es kann folgendes Beispiel Verwendung finden:

8.1.2.1 Einmalige Kosten der Einführung des neuen Verfahrens

A. Projektierung, Zeichnung für Umgestaltung von Räumen ect.

B. Einführungskosten
   a) Anschaffungsnebenkosten der technischen Einrichtungen
   b) Schulung des eigenen Personals
   c) Umstellungskosten im Betrieb einschließlich möglicher Parallellauf
   d) Installationskosten
   e) Sonstiges

8.1.2.2 Laufende Kosten des neuen Verfahrens

A. Maschinenkosten für das Juristische Informationssystem (evtl. nur anteilig soweit der Benutzer die Möglichkeit hat, die Datenendstation auch für andere Systeme zu benutzen)

B. Personalkosten der Benutzung

C. Gebühren für das Juristische Informationssystem
   a) Anschlußzeit
   b) CPU-Zeit

D. Sonstiges, Materialkosten, Literatur, Archivierung.

8.1.3 Kostenbewertung

Die vorgenommene Aufgliederung der Kosten ist zunächst sehr grob. Sie wird für eine entscheidungstragende Aussage unter vielfachen Gesichtspunkten weiter zu verfeinern sein. Eine Reihe von Kosten wird keinen fortwirkenden Vorteil bringen, sondern der Erfüllung notwendiger Aufgaben dienen. Andere Kosten, auch wenn sie zunächst zu den laufenden Kosten gehören, werden für das

System länger wirksame Vorteile bewirken. So werden zunächst alle Kostenpunkte zu untersuchen sein und bei allen Kostenpunkten eine durchschnittliche spezifische Nutzungsdauer[41] festgelegt werden müssen. Außerdem sollten die Kostenpunkte in zumindest drei Gruppen klassifiziert werden:

- Vorleistungen für das System
- Wertsteigerung des Systems
- laufender Verbrauch durch das System

In einer weiteren Stufe werden – entsprechend den früheren Vorarbeiten – die Kosten in solche trennbare Einheiten KE zu zerlegen sein, die der Realisierung einzelner Ziele und Maßnahmen zugeordnet werden können. Außerdem müssen die durch Zeitablauf bedingten oder zu erwartenden Veränderungen eingearbeitet werden. Hier kann es Änderungen aus verschiedenen Gründen geben:

8.1.3.1 Die Realisierung einzelner Ziele (GZ, Z, TZ) kann je nach Gestaltung des Zieles nach Ablauf bestimmter Zeiteinheiten einen größeren Aufwand erfordern (etwa steigender Speicherplatz) oder der Aufwand kann entfallen (z. B. Rückwärtsdokumentation ist abgeschlossen).

8.1.3.2 Die Realisierung einzelner Ziele (GZ, Z, TZ) kann je nach der Art der vorgesehenen Durchführung der Verwirklichung aufgrund der zu erwartenden technischen und wirtschaftlichen Entwicklung im Aufwand eine wesentlich unterschiedliche Entwicklung nehmen. Besonders wird hier daran zu denken sein, für manuelle Arbeitsanteile die absolut steigende Tendenz der Personalkostenentwicklung und für die maschinellen Arbeitsanteile die relativ fallende Kostentendenz des Preis/Nutzungs-Verhältnisses der Maschinen zu berücksichtigen.

8.1.3.3 Außerdem wird aufgrund von Schätzungen zu berücksichtigen sein, daß in der Systemumwelt Veränderungen erfolgen werden, die den Nutzen des Systems erhöhen können. Um mit einem Beispiel des Präsidenten des Bundesrechnungshofes[42] zu sprechen: „Die ersten Autos waren Kutschen ohne Pferde". Das Auto hat erst dann seinen vollen Nutzen gebracht, als die Karosserie dem neuen Antrieb angepaßt war und als Straßen und Versorgungseinrichtungen (wie Werkstätten und Tankstellen) nach den Bedürfnissen des Kraftfahrzeugs und seiner Benutzer zur Verfügung standen". Genau so ist es auch bei der Anwendung der EDV, insbesondere bei einem Juristischen Informationssystem, welches erst seinen vollen Nutzen wird erbringen können, wenn auch im übrigen im Rechtswesen weitgehend EDV-Anwendungen üblich geworden sein werden. In diesem Zusammenhang sei lediglich auf die Probleme der Datenerfassung und der Anwendung automationsgerechter Gesetze[43] hingewiesen.

---

[41] *Carstens,* Der Aufbau von EDV-Systemen innerhalb der schwedischen Justiz, in Materialien zur Rechtsinformatik, Frankfurt 1971, S. 29 ff berichtet, daß in Schweden für die Kosten der Einführung des Systems eine Nutzungsdauer von 15 Jahren für vertretbar gehalten wird.

[42] *Schäfer,* Die Funktion der elektronischen Datenverarbeitung in der öffentlichen Verwaltung, Die Fortbildung 1971, 50.

[43] Vgl. z. B. *v. Oertzen,* Automationsgerechte Gesetze als Voraussetzung der Automation in DVBl. 1969, 61.

8.2 Nutzen des Gesamtsystems

Der Nutzen des Systems setzt sich aus quantifizierbaren und aus nicht quantifizierbaren Nutzen[44] zusammen.

8.2.1 Der quantifizierbare Nutzen eines Systems hängt wesentlich davon ab, welche Leistungen welchem Benutzerkreis angeboten werden.

8.2.1.1 Im Wege der Thesenbildung wird daher zunächst ein Katalog möglicher Leistungen und ein Katalog möglicher Benutzer oder Betroffener eines Systems erarbeitet werden müssen. Diese Kataloge ergeben sich aus dem Konzeptionsentwurf, in dem bei den zu behandelnden Zielen und Maßnahmen bereits entsprechende Angaben benötigt werden.

8.2.1.2 Die Angaben über mögliche Leistungen eines Systems müssen nunmehr in empirischer Feldarbeit daraufhin abgeklärt werden, ob diese möglichen Leistungen, oder ob zusätzliche oder andere Leistungen aufgrund der Arbeitsstruktur der möglichen Benutzer zur Arbeitseinsparung beitragen könnten und daher für die künftigen Benutzer von Interesse sind[45]. Dabei kann sich ergeben, daß z. B. beim Juristischen Informationssystem für eine Teilgruppe der Benutzer nicht der Nachweis deutscher relevanter juristischer Dokumente, sondern z. B. stets aktuelle Zusammenfassungen rechtlicher Regelungen im Ausland zu bestimmten Rechtsthemen mit Fundstellen-Angaben der Dokumente zur Vertiefung der Information zu großer Arbeitsersparnis führen könnte. Für andere mag die Ermittlung und Verarbeitung von Rechtstatsachen, insbesondere der Sozialdaten den angestrebten Erfolg[46] bringen können, insbesondere etwa im Bereich der Gesetzesvorbereitung[47].

8.2.1.3 Aufgrund der Ergebnisse der Thesenbildung, der Benutzerforschung und des Konzeptionsentwurfes wird nunmehr ein relativ umfassender Leistungskatalog erstellt werden können, der Grundlage für die Untersuchungen des möglichen Nutzens sein wird.

8.2.4 Es wird von der These ausgegangen, daß ein Verfahren zur Errechnung des gesamtwirtschaftlichen Nutzens aufgrund des Leistungskataloges nicht vorhanden ist. Ansatzpunkt könnte daher nur sein, bei den einzelnen möglichen Benutzern repräsentative Erhebungen über die voraussichtlichen Auswirkungen

---

[44] Hierauf macht schon *Riepl*, Wirtschaftlichkeit von DV-Verfahren, Eine Entscheidungshilfe, München o. J., aufmerksam.

[45] Vgl. zu den Schwierigkeiten einer möglichen Benutzerforschung: *Schuchow*, Benutzeranalysen als Grundlage für die Organisation von Informations- und Dokumentationseinrichtungen, Nach.Dok. 1971, 237, der besonders darauf hinweist, daß nur „quantitativ gemessene Bedürfnisse" umsetzbar seien und eine erste Auflistung gibt, was man von den Benutzern wissen müßte. Einen völlig anderen Ansatz schlägt dagegen *Bock*, Soziologie und Bibliothek: Zur theoretischen Bestimmung des Begriffs „soziologische Benutzerforschung" in Nachr.Dok. 1971, 231 vor, der insbesondere soziologische Methoden verwenden möchte und u. a. für besonders wesentlich die, die Handlungsmotivation des Benutzers prägenden Umstände der gesellschaftlichen Realitäten hält.

[46] Ansätze in dieser Richtung bei: *Lenk*, Von der Bedeutung der Rechtswissenschaft und der Sozialwissenschaft für Juristen, Kritische Justiz 1970, 273; *Rottleuchter*, Zur soziologie richterlichen Handelns, Kritische Justiz 1970, 283.

[47] *Blankenburg*, Die Dauer von Zivilprozessen, Novellierung der Zivilprozeßordnung und Rechtstatsachenforschung in ZRP 1971, 292.

des Systems vorzunehmen. Hierbei wird von der Unterstellung ausgegangen, daß die Summe der Nutzen der Benutzer dem gesamtwirtschaftlichen Nutzen des Systems entspricht. Dabei taucht allerdings ein zusätzliches Problem auf. Es ist zu erwarten, daß der Nutzen der Inanspruchnahme des Systems nicht nur bei dem jeweiligen Benutzer des Systems auftritt, sondern auch an völlig anderer Stelle[48], die entweder selbst Benutzer ist oder nicht. Das Schema zur Ermittlung möglicher Nutzen wird daher nicht nur aufgrund entsprechender Arbeitsstudien beim künftigen Benutzer erstellt werden können, sondern insbesondere versuchen müssen, auch die Auswirkungen in Ansätzen zu erfassen, die von den Ergebnissen der Benutzung des Systems auf andere Bereiche ausstrahlen.

Die Ergebnisse dieser Ermittlungen sind auf kalkulatorische Größen zurückzuführen, etwa auf

- Einsparung von Arbeitszeit des Personals
- Einsparung technischer Einrichtungen
- Einsparung maschineller Leistungen
- Einsparung von Büroraum
- Einsparung von laufenden Kosten
- Einsparung von Aufwendungen sonstiger Art (z. B. Archiv, Aufträge, Fremdrecherchen usw.).

Ansatzpunkte für solche Untersuchungen könnten dabei z. B. Leistungsbeschreibungen aufgrund folgender Grobangaben sein:

- Nachweis der Fundstellen relevanter Dokumente
- Ausgabe des Textes relevanter Dokumente
- Informationen über vorliegende Entscheidungen ähnlicher Fälle
- Information über die Verwendung von Begriffen, Klauseln usw. in anderen Normen
- gezielte Verteilung aktueller Dokumente
- Lieferung von Steuerstreifen für die Setzmaschinen an juristische Fachverlage
- Automatische Erstellung aktueller Normsammlungen, Entscheidung- oder Literatursammlungen und Register aller Art, z. B. Bundesgesetzblatt Teil III in Loseblattform
- Sofortige Dokumentsuche und Ausgabe über Datenstationen
- Statistische und sonstige Auswertung juristisch relevanten Faktenmaterials (Rechtstatsachen – Sozialdaten) im Dialog oder periodisch

Ansatzpunkte für die Untersuchung der Nutzen könnten z. B. etwa sein:

- Arbeitszeit für Dokumentsuche entfällt[49]

---

[48] Z. B. könnte die vollständige Information des Kraftfahrers über seine realen Chancen hinsichtlich der Höhe eines Schadenersatzanspruches nach Verkehrsunfall durch den Rechtsanwalt mit Hilfe des Systems zu einer Verminderung des Aufwandes für die Bearbeitung der Schadensregulierung bei den Versicherungsträgern führen.

[49] *Schäfer*, a.a.O. „Wer hat nicht schon Stunden und Tage mit der Suche nach einschlägigen Schrifttum, maßgeblichen Verfügungen oder Vorschriften verbracht". Würde eine anderweitig einsetzbare Arbeitszeitersparnis z. B. nur der Richter in der Bundesrepu-

– Gesetzesvorbereitung wird weniger arbeitsintensiv
– Manuelle Dokumentationseinrichtungen bei Gerichten, Behörden, Rechtsberatern und Wirtschaft können entfallen[50]
– Verwaltungsverfahren und Gerichtsverfahren könnten infolge besserer Information entfallen oder kürzer werden.
– Langfristige Verhinderung des Anstiegs des Personalbedarfs[50]

Schwierigkeiten bereitet dabei die Notwendigkeit auch die Leistungen (LE) und den Nutzen (NE) in entsprechende Einheiten zu zerlegen und einzelnen Maßnahmen und Zielen zuzuordnen. Darüberhinaus muß der Nutzen auch im Hinblick auf die Tendenz der Kostenentwicklungen gesehen werden, da etwa ein Nutzen im Bereich des Personals wegen der Tendenz der Personalkostenentwicklung künftig anders zu bewerten sein dürfte, als etwa ein Nutzen in mehr technischem Bereich. Die so ermittelten Einzelnutzen sind dann im Hinblick auf die Gesamtwirtschaft hochzurechnen[51] und unter Anbindung an die Prognosen der wirtschaftlichen Entwicklung zu Nutzenprognosen für künftige Entwicklungen auszuwerten.

8.2.2 Nichtquantifizierbarer Nutzen des Systems

Neben Nutzen der sich unmittelbar oder mittelbar in zu messenden Aufwendungen auswirken kann, wird es Nutzen geben, der sich nicht in wirtschaftliche Faktoren übersetzen läßt, z. B.:

– Verbesserung der Rechtssicherheit
– Verbesserung juristischer Entscheidungen
– Möglichkeit schneller Reformen durchführen und deren Erfolge kontrollieren zu können

---

blik von ca. 1 % ihrer Arbeitsleistung ermöglicht werden können, würde dies eine Einsparung von ca. 10 Mio DM jährlich bedeuten, ein Betrag, der sich infolge der Personalkostenentwicklungstendenz etwa alle 7 Jahre verdoppeln dürfte (vgl. Beispiel in Fußnote 50). Dabei schätzt *Nicken,* Zur Situation der Gerichtsbibliotheken im Rahmen der Rechtspflege, Justizverwaltungsblatt Schl.H. 1962, 241 ff (246), die nur „durch eine gutorganisierte und ausreichend ausgestaltete Gerichtsbibliothek“, einschließlich Dokumentationsstelle einzusparende richterliche Arbeitszeit bereits auf 5 Wochenstunden, also auf 11,0% bei einem Ansatz von 42 Wochenarbeitsstunden. Einen weiteren Ansatz bringt *Mueller,* Zeit-, Kosten- und Wert-Faktoren der Informations-Erschließung in IBM-Nachrichten 1961, 1348, indem er Alternativen bei Nichtinformation untersucht hat und dabei einmal das Kollegengespräch von mindestens 2 Personen und mindestens ½ Stunde oder die Verlängerung der notwendigen Arbeitszeit um ca. 1½ Stunden ermittelte, um so den Wert ausgegebener oder auszugebender Informationen zu bestimmen.

[50] Welche wirtschaftliche Auswirkung dies haben kann, zeigt das von *Goller-Scheuring-Trageser,* Das KI-System, Stuttgart 1971, S. 127 gegebene Beispiel: „Die Personalkosten der Landeshauptstadt München haben sich seit 1951 alle 7 Jahre verdoppelt und liegen 1971 bei 1,1 Milliarden und werden nach einer Aussage des Personalreferenten der Landeshauptstadt 1978 mehr als 2 Milliarden“ betragen. Eine gleiche Entwicklungstendenz dürfte auch für das Personal anderer Einrichtungen gelten.

[51] Ein interessantes historisches Beispiel eines Verfahrens in dieser Richtung gibt im Zusammenhang mit dem 1971 DM 74 Mio kostenden Deutschen Wetterdienst *Süssenberger,* „Wetterdienst auf neuen Wegen“, in Modernes Management im öffentlichen Dienst, Godesberg 1971 S. 87 (105), wonach die Routenberatung der Norddeutschen Seewarte den Reedern 1869 für 89 Schiffe eine Reisezeiteinsparung von zusätzlich 728 Tagen erbrachte, was einen Gewinn von 59.967 Talern entsprach.

- Möglichkeit, Gesetzesvorlagen überhaupt befolgen zu können z. B. Vorlagepflichten zu befolgen[53]
- Möglichkeit, Arbeiten überhaupt bzw. rechtzeitig bewältigen zu können[54]

Auch dieser besondere Nutzen wird, soweit möglich, in Einheiten (SN) zu zerlegen sein, damit er einzelne Maßnahmen oder Zielen zugeordnet werden kann, um eine einheitliche Beurteilung zu ermöglichen.

8.2.3 Reformwünsche

Bisher wurde von einer Systemplanung ausgegangen, deren Nutzwertberechnung sich an den Bedürfnissen der möglichen Benutzer und an den Auswirkungen im Arbeitsbereich der möglichen Benutzer orientiert. Aus rechtspolitischen oder gesellschaftlichen Zielvorstellungen heraus können auch solche Leistungen des Systems zu berücksichtigen sein, die der Entwicklung der Gesellschaft dienen ,aber aufgrund des derzeitigen Bewußtseinstandes und der derzeitigen Arbeitsorganisation noch nicht durch ein Bedürfnis der möglichen Benutzer gefordert werden. Soweit diese Leistungen nicht ohnehin bei der Zielwertanalyse als notwendig eingestuft wurden und damit in jedem berechneten Mindestvorschlag enthalten sein würden, bestünde durch eine klare Kennzeichnung dieser besonderen Anforderungen die Möglichkeit, den dadurch bedingten Mehraufwand oder Mehrnutzen gesondert ausweisen zu können.

9. Bewertungsanalyse

In der Bewertungsanalyse werden die Grundlagen für die Auswahlentscheidung zusammengetragen. Im Konzeptionsentwurf, in der Zielwertanalyse, in den Prioritäten des Entscheidungsträgers und der Nutzwertanalyse sind die einzelnen Komponenten in Bezuggrößen zerlegt worden, die einzelnen Zielen oder Maßnahmen zugeordnet werden können. Erst durch die Zusammenfassung der einzelnen Zuordnungen läßt sich eine verläßliche Darstellung der Auswirkungen der Veränderung der Ziele und Leistungsanforderungen geben. Es ist nunmehr Aufgabe der Bewertungsanalyse, geschlossene Vorschläge und Alternativvorschläge vorzulegen, die mit vollständigen Entscheidungsgrundlagen versehen sind.

Außerdem ist es Aufgabe der Bewertungsanalyse, durch Angabe der Auswirkung der Berücksichtigung oder der Vernachlässigung durch den Entscheidungsträger zu benennender Prioritäten, der Ziele oder Leistungen, durchsichtig zu machen, worüber entschieden wird, wenn es aus den verschiedensten Anforderungen heraus auf die Berücksichtigung oder die Vernachlässigung einzelner Punkte Wert gelegt werden muß.

Die Bewertungsanalyse wird durch eine tabellarisch und verbale Darstellung der aus den Zuordnungen in den einzelnen Arbeitsabschnitten gewonnenen

---

[52] Auf dieses Thema und den Zusammenhang zu Art und Umfang der Informationsaufnahme machte zuletzt wieder *Rasehorn*, Rechtsfindung und Gerichtspraxis, NJW 1972, 81 mit eindrucksvollen Nachweisungen aufmerksam.

[53] Vgl. *Fabry*, Mehr Gerechtigkeit durch EDV? Im Heymann-Almanach 1972 S. 38.

[54] Vgl. *Schäfer*, „Die Funktion der elektronischen Datenverarbeitung in der öffentlichen Verwaltung", Die Fortbildung 1971, 50.

Erkenntnisse erfolgen, könnte aber auch im Dialogverkehr aktuell im Entscheidungsprozeß eingesetzt werden.

10. Schlußbetrachtung

In den Gedanken zur Bewertung von Systemen im Zusammenhang der Systemplanung sind die praktischen Schwierigkeiten der Realisierung einer solchen Vorgehensweise nicht angesprochen, obwohl sie sehr erheblich sein werden. Ziel dieser Ausführungen soll es vielmehr sein, die generelle Problematik Juristen nahe zu bringen und eine Diskussion auszulösen. Aufgabe späterer Beiträge wird es sein, die notwendige Vertiefung vieler Einzelheiten darzustellen und die volkswirtschaftlichen, mathematischen und programmtechnischen Aspekte des vorgeschlagenen Instrumentariums zu erörtern. Die Auswertung eines solchen Hilfsmittels für Nutzen-Kosten-Untersuchungen – wie es m. E. von § 6 Abs. 2 HGrG bzw. § 7 Abs. 2 BHO für eine Reihe von Aktivitäten der öffentlichen Hand vorgeschrieben wird – setzt weiter voraus, daß aufbauend auf anerkannten Ansätzen die Problematik in ein Programm zur Ausführung der Nutzen-Kosten-Untersuchung mit Hilfe einer EDV-Anlage umgesetzt wird, damit die hohen Anforderungen an die Vielgestaltigkeit der Auswertung auch praktikabel genutzt werden können.

Die Gedanken sind hier dargestellt anhand von Beispielen aus der Problematik des Juristischen Informationssystems. Jedoch wird ein solches Programm zur Durchführung von Nutzen-Kosten-Untersuchungen so gestaltet werden können, daß es für andere Systeme, Gesetzesentwürfe und organisatorische Reformen gleich praktikabel sein wird. In der Möglichkeit der Änderung der Definitionen für die Komponenten und der Definitionen für die Einheiten der Ziele, Maßnahmen, Leistungen, Aufwendungen, Nutzen usw. dürfte die Anpassungsfähigkeit für andere Anwendungsprobleme liegen.[55]

Nur eine entsprechende Auswertung von Planungsgrundlagen und Planungsergebnissen wird auf längere Sicht geeignet sein, die notwendigen Entscheidungsgrundlagen und Entwicklungsprognosen für politische und zielerfüllungsgarantierende Entscheidungen[56] der Entscheidungsträger zu präsentieren.

Zusammenfassung

Nach § 6 Abs. 2 Haushaltsgrundsätzegesetz und § 7 Abs. 2 Bundeshaushaltsordnung sind für geeignete Maßnahmen von erheblicher finanzieller Bedeutung Nutzen-Kosten-Untersuchungen anzustellen. Dieser Aufgabenbereich wird in die Struktur der Systemplanung eingeordnet. Der Vorschlag, zur Nutzen-Kosten-Untersuchung im Sinne der vorgenannten gesetzlichen Bestimmungen die Analyse der Alternativen, die Nutzwertanalyse, die Einbeziehung der Prioritäten des Entscheidungsträgers, die Zielwertanalyse und die Bewer-

[55] So verstanden könnte ein Programmpaket für Nutzen-Kosten-Untersuchungen auch Bestandteil einer Planungsdatenbank sein, vgl. *Steinmüller,* EDV und Recht, Einführung in die Rechtsinformatik, Berlin 1970 S. 71.

[56] Solche Entscheidungsgrundlagen würde auch die Entscheidungsgegner zwingen, sich mit den Sachargumenten auseinanderzusetzen und ihnen nicht die Möglichkeit geben, in Kritik an tatsächlich oder vermeintlich nicht vorhandene Entscheidungsunterlagen zu flüchten, vgl. z. B. *Franzki,* Justiz-Reform mit unsicheren Grundlagen", in Frankfurter Allgemeine vom 15. 12. 1971.

tungsanalyse zusammenzufassen, wird anhand von Beispielen aus dem Bereich der Planungen für ein Juristisches Informationssystem erläutert. Damit sollen Ansätze für die Entwicklung eines Instrumentariums zur Diskussion gestellt werden, welches geeignet ist, Planungsgrundlagen und Planungsergebnisse so auszuwerten, daß notwendige Entscheidungsgrundlagen und Entwicklungsprognosen unter dem Gesichtspunkt des wirtschaftlichsten Einsatzes öffentlicher Mittel als Grundlage für politische und zielerfüllungsgarantierende Entscheidungen der Entscheidungsträger gewonnen werden können.

Summary

According to Sec. 6 (2) of the German Law on Budget Principles and Sec. 7 (2) of the German Budget Law appropriate measures of considerable financial importance must be subjected to cost-utility tests. This task is a part of the structure of systems planning. The article, demonstrating several examples taken from the scope of the plans for a legal information system, illustrates the proposal to include into a cost utility test in the sense of the mentioned legal provisions an analysis of alternatives, a utility analysis, an evaluation of the priorities of the deciding body, an analysis of the goal value and an assessment analysis. The article intends to propose certain starting points for the development of a set of tools by which it is possible to evaluate the basis and the results of plans in such a way as to obtain necessary facts for political decisions and prognoses in view of the most economic use of public funds.

Bernt Bühnemann

Benutzerbedürfnisse und juristische Datenbanken

Veröffentlichungen aus jüngerer Zeit weisen auf die ständig zunehmende Flut rechtlich relevanter Daten und Informationen aus allen Bereichen des Rechtslebens hin[1]. Die quantitativen Erhebungen werden für gewöhnlich begleitet von der qualitativen Feststellung, daß die mit den einzelnen Rechtsbereichen konfrontierten Praktiker und Theoretiker nicht mehr oder nur noch begrenzt in der Lage seien, die Differenziertheit und Kompliziertheit selbst begrenzter Rechtsmaterien ständig zu kontrollieren, geschweige denn vollständig zu erfassen[2]. Beide Aussagen werden durchweg ergänzt durch die bedauernde, wenn nicht resignierende Erklärung, die bisherigen juristischen Informationsmedien reichten nicht mehr aus, um den Informationsbedarf bzw. individuelle Informationsbedürfnisse in quantitativer, vor allem aber in qualitativer und zeitlicher Hinsicht zu decken[3]. Seit geraumer Zeit werden nun allerdings diese pessimistischen Konstatierungen mehr und mehr begrenzt durch die Hoffnung, diese drängenden Probleme durch die Schaffung juristischer Datenbanken mittels Einsatzes elektronischer Datenverarbeitungsanlagen zu lösen, zumindest jedoch zu lindern[4]. Dieser Optimismus wird vor allem auf die wesentlichen Vorteile der

---

[1] Vgl. 1. Zwischenbericht über die Arbeiten der Projektgruppe Juristisches Informationssystem an den Bundesminister der Justiz, Bonn, 1. Februar 1971, Beilage zum Bundesanzeiger Nr. 62 vom 31. März 1971, S. 5; vgl. auch Bericht dieser Arbeitsgruppe in Beilage Nr. 8/70 zum Bundesanzeiger vom 28. Februar 1970; *Simitis*, Informationskrise des Rechts und Datenverarbeitung, Recht – Justiz – Zeitgeschehen, Band 7, Karlsruhe 1970, S. 9 ff.; *Bühnemann*, Die Stellung der rechts- und staatswissenschaftlichen Verlage zu und im Rahmen eines Informationsbankensystems – Zugleich ein Beitrag zum Verhältnis der „externen" Informationsträger und -mittler zu dem Informationsbankensystem, Band II, Materialien zum Bericht der Interministeriellen Arbeitsgruppe beim Bundesministerium des Innern an die Bundesregierung, Das Informationsbankensystem, C II; *Haft*, Elektronische Datenverarbeitung im Recht, EDV und Recht, Band 1, Berlin 1970, S. 102 ff.

[2] Vgl. vor allem *Simitis*, Informationskrise, insbes. S. 28 ff.; Bericht der Arbeitsgruppe für Datenverarbeitung im Bundesministerium der Justiz, a.a.O.; *Joachim*, Die Nutzanwendung elektronischer Datenverarbeitungssysteme für Juristen, Recht und Politik 1970, S. 92 ff.; *Kerkau*, Automatische Datenverarbeitung (ADV) – Kybernetik in Rechtswissenschaft und Praxis, Arbeitspapiere Rechtsinformatik, Heft 1, S. 24; *Bühnemann*, Materialien, Band II, C II; *Haft*, Elektronische Datenverarbeitung im Recht, S. 106 ff.

[3] *Simitis*, Konsequenzen der Datenverarbeitung für die Rechtsordnung, Sitzungsbericht T zum 48. Deutschen Juristentag, S. 35 ff.; *Prestel*, Datenverarbeitung im Dienste juristischer Dokumentation, EDV und Recht, Band 3, Berlin 1971, S. 2; Bericht der Arbeitsgruppe für Datenverarbeitung im Bundesministerium der Justiz, a.a.O.; *Bühnemann*, Materialien, Band II, C II; *Haft*, Elektronische Datenverarbeitung im Recht, S. 107 ff.

[4] *Simitis*, Konsequenzen der Datenverarbeitung, a.a.O., S. 36 ff.; *derselbe*, Informationskrise, a.a.O., S. 107; *Prestel*, Datenverarbeitung im Dienste juristischer Dokumentation, S. 2; *Fiedler*, Automatisierung im Recht und juristische Informatik, JUS 1970, S. 604 ff.; *Joachim*, Recht und Politik 1970, S. 92 ff.; *Steinmüller, Rothenbücher*, A View of Legal

Computer gestützt, mit einer das normale menschliche Vorstellungsvermögen übersteigenden Präzision und Geschwindigkeit eine nahezu unbegrenzte Vielzahl von Daten zu speichern sowie in komplizierten und komplexen Kombinationen bzw. Relationen zu verarbeiten. Seitdem überdies keine unüberwindlichen technischen Schwierigkeiten mehr bestehen, große Datenbestände zu erfassen und die Produkte der Computerarbeit dem Menschen in vertrauter Form darzubieten, etwa durch Schriftstücke oder auf dem Bildschirmgerät[5], scheint der Zeitpunkt gekommen, juristische Datenbanken alsbald dem Juristen nutzbar zu machen.

Selbst wenn jedoch von der organisatorisch-technischen Seite her gesehen eine juristische Datenbank realisiert werden kann, sind vorrangige Fragen zu klären, vor allem die Frage, welcher Art die Informationsbedürfnisse sind, die durch juristische Datenbanken befriedigt werden müßten. Die quantitativen wie die qualitativen Elemente dieser Bedürfnisse sind nicht nur bestimmend für die Auswahl der einzelnen Sachbereiche, sie haben zugleich einen entscheidenden Einfluß auf die Aufbereitung der juristischen Daten, auf die Ausgestaltung der Wiedergewinnungssysteme wie auf die Bereitstellung der Informationen für die Benutzer[6].

Information Retrieval from the University of Regensburg, Law and Computer Technology 1970, S. 167 ff.; *Kerimov,* Über den Dokumentations- und Informationsdienst auf dem Gebiete des Rechts, Fragen der Kybernetik und das Recht, Aktuelle Beiträge der Staats- und Rechtswissenschaft, Heft 47, Potsdam-Babelsberg, 1969, Band I, S. 132 ff.

[5] Vgl. zu diesen Möglichkeiten 1. Zwischenbericht, a.a.O., S. 7 f; vgl. dazu auch die Vorschläge der Interministeriellen Arbeitsgruppe beim Bundesministerium des Innern an die Bundesregierung, Das Informationsbankensystem, Band I, Köln-Berlin-Bonn-München 1971, S. 67 ff., 100 ff.; ferner *Vischer,* Das Dokumentationssystem der UNIDATA AG, Materialien zur Rechtsinformatik, Band 1, S. 84.

[6] Vgl. *Werner Schwuchow,* Benutzeranalysen als Grundlage für die Organisation von Informations- und Dokumentationseinrichtungen, Nachrichten für Dokumentation 1971, S. 237; zur jur. Datenbank *Dammann,* Juristische Dokumentationssysteme und Rechtsentwicklung, Zeitschrift für Rechtspolitik 1971, S. 287 ff., 288, 289; 1. Zwischenbericht, a.a.O., S. 6 f.; *Alan,* The Computer Scene in the U.S.A., Law and Computer Technology 1970, S. 184 ff.; *Kreppel,* Was soll und darf man von einer elektronischen Rechtsdokumentation erwarten, NJW 1970, S. 1587 ff.; *Schmidt, Bühnemann,* Datenverarbeitung und Schadenbearbeitung, VW 1970, S. 640 ff. Nach dem jüngsten Bericht über die Situation in den USA (vgl. *Prestel* in *Simitis, Voss-Eckermann, Dammann,* Materialien zur Rechtsinformatik, Kybernetik-Datenverarbeitung-Recht, Veröffentlichungen der Forschungsstelle für juristische Dokumentation, Band 1, S. 17 ff., Datenverarbeitung und Recht in den Vereinigten Staaten von Amerika) ist ein Großteil angekündigter und bereits zum Teil in Betrieb befindlicher juristischer Datenverarbeitungssysteme inzwischen wieder von der Bildfläche verschwunden. Prestel meint zwar (a.a.O., S. 17), daß über die Reaktion der juristischen Praxis auf die neuen Hilfsmittel wenig bekannt sei, es wird jedoch vermutet, daß eine Reihe von Vorhaben nicht zuletzt deshalb scheiterten, weil man es versäumt hatte, die Benutzerbedürfnisse zu erforschen und dementsprechend das Angebot zu gestalten.
Gerade wegen dieser Abhängigkeit der juristischen Datenbanken von der gesamten Informationslandschaft, insbesondere von den Benutzerbedürfnissen, nahm auch die Studie von *Bühnemann, Böckel,* Modellstudie eines Organisationsplanes für die Entwicklung von Systemen der Rechtsinformatik, insbesondere mittels elektronischer Datenverarbeitung (EDVA), in Verlegervereinigung Rechtsinformatik, S. 9 ff., ihren Ausgangspunkt von den Benutzerbedürfnissen.

Juristische Datenbanken sind daher in ihrer gesamten Struktur in hohem Maße abhängig von dem Informationsbedarf und den individuellen Informationsbedürfnissen, vorausgesetzt allerdings, sie haben tatsächlich die Aufgabe, die Informationslage zu verbessern. An dieser Funktion wird indes niemand ernsthaft zweifeln. Dabei sollte schon an dieser Stelle bedacht werden, daß die Informationsbedürfnisse ihrerseits bedingt werden durch vielfältige, die Informationslandschaft bestimmende Faktoren. Juristische Datenbanken als Instrument der Datengewinnung und -bereitstellung sind daher zu integrieren in den Informationsfluß, will man nicht Gefahr laufen, daß sie ihre eigentliche Aufgabe verfehlen bzw. in ihrer Effizienz hinter den Erwartungen zurückbleiben.

Die hier notwendige Benutzerforschung kann sich dementsprechend nicht begnügen mit einigen repräsentativen Umfragen bei potentiellen Benutzern und Benutzergruppen. Sie wird ihr Augenmerk gleichermaßen richten müssen auf die übrigen Informationsträger und -mittler sowie deren Informationsmedien. Überdies wird es erforderlich sein, künftige Entwicklungslinien und -möglichkeiten beizeiten zu erfassen und in die zwangsweise langfristigen Planungen mit einzubeziehen.

Die nachfolgende Studie wirft eine Vielzahl von Fragen auf, die bislang nicht oder nur begrenzt beantwortet werden können. Diese Situation ist vor allem bedingt durch den Stand der Benutzerforschung, einem notwendig interdisziplinären Forschungsgegenstand. Sie resultiert aber wohl auch aus der noch jungen Konfrontation mit technischen Möglichkeiten, die erstmalig zu Fragen Anlaß gibt, deren Beantwortung eine Ausweitung des Bewußtseinsstandes auch des Juristen verlangt.

I. Interdependenzen zwischen Informationsbedürfnissen und juristischen Datenbanken

1. Auswahl juristischer Daten

Wie gegenständlich umfassend auch immer eine juristische Datenbank konzipiert sein mag, stets wird die Notwendigkeit bestehen, aus der Fülle der täglich anfallenden Daten eine begrenzte Menge auszuwählen[7]. Da Art und Umfang der Daten zugleich mitbestimmend sind für die Organisation und die Struktur der Datenbank, werden die Benutzerbedürfnisse dann einen wesentlichen Einfluß auf die juristische Datenbank nehmen, wenn die Datenauswahl an den Benutzerbedürfnissen orientiert wird.

So wird der Frage nachzugehen sein, in welchen engeren Sachbereichen Informationsbedürfnisse bestehen, die mit dem neuartigen Medium der Datenbank allein oder besser befriedigt werden können. Weitere Differenzierungen und Abgrenzungen werden aller Wahrscheinlichkeit nach jedoch innerhalb dieser engeren Bereiche geboten sein, etwa welcher Art die verlangten Informationen sind, ob beispielsweise der Wortlaut von Rechtsnormen unterhalb der Gesetzesebene, ob bestimmte Entscheidungen oder ob bzw. welche Litera-

---

[7] Vgl. 1. Zwischenbericht, a.a.O., S. 10 f.; *Seidel*, Elektronische Datenverarbeitung als maschinelles Hilfsmittel einer juristischen Dokumentation, DRiZ 1970, S. 116 ff.

tur angefordert werden. Bereits bei der Datenauswahl sind gegebenenfalls noch stärkere Unterscheidungen oder Einschränkungen angezeigt. So ist es immerhin vorstellbar, daß je nach Effizienz und Verbreitungsgrad der übrigen Informationsmedien bei Gesetzen stets der volle Wortlaut gespeichert werden sollte, dagegen bei Entscheidungen nur der Leitsatz mit bibliographischen Angaben, während man sich bei Literaturinformationen u. U. mit einer Angabe der bibliographischen Daten begnügen könnte[8].

2. Verarbeitung der Daten – Retrieval-Systeme

Die Abhängigkeit von den Benutzerbedürfnissen zeigt sich in gleichem Maße bei der Verarbeitung von Daten und der Entwicklung von Wiedergewinnungssystemen. Hier geht es bei weitem nicht nur um das Problem, die Objektivität der bereitzustellenden Informationen zu wahren[9]. Sie ist eine Selbstverständlichkeit, wenn auch die Sicherung dieser Selbstverständlichkeit noch erhebliches Kopfzerbrechen bereiten wird. Viel wesentlicher ist die an der Funktion der juristischen Datenbank zu messende Aufgabe, die Daten so aufzubereiten, daß sie ohne Informationsverlust von dem Benutzer aus der Datenbank gewonnen werden können.

Neben dem Problem, welche Daten in den einzelnen Dokumenten gespeichert werden sollten, ob z. B. nur der bibliographische Teil, einzelne Teile eines Textes, Textzusammenfassungen (Abstracts) oder die Texte in ihrem vollständigen Wortlaut zu speichern sind[10], ist vor allem den semiotischen Fragen nachzugehen, so z. B. der pragmatischen Frage, welche Worte von welchen Benutzern (den Juristen, Juristen bestimmter Berufsgruppen, Juristen bestimmter Fachdisziplinen) verwandt werden[11]. Des weiteren ist – orientiert an den Be-

---

[8] Einen Einblick in die möglichen Preferenzen der Benutzer in Hinblick auf die einzelnen Informationsangebote gibt für den amerikanischen Bereich *Hamilton,* The Computer and the Legal Profession, Law and Computer Technology 1970, S. 58 ff., 97 ff.

[9] So ist auch in den Empfehlungen der Kommission des Deutschen Juristentages zur Untersuchung von mit der Datenverarbeitung im Recht verbundenen Fragen (vgl. Sitzungsbericht T zum 48. Deutschen Juristentag, S. 44) die Forderung nach Objektivität der Information niedergelegt.

[10] Die Möglichkeit einer Abstufung der einzelnen Informationen nach Volltext, Abstract, Zitat etc. wird für möglich und notwendig gehalten, vgl. dazu *Fiedler,* Sitzungsbericht T zum 48. Deutschen Juristentag, S. 24. Vgl. auch *Prestel,* Datenverarbeitung im Dienste juristischer Dokumentation, Systemvergleich zwischen Volltext- und Indexverfahren, insbes. S. 51 ff.; *Schuchow,* Nachrichten für Dokumentation 1971, S. 237; *Haft, Müller-Krumbhaar,* SEDOC – ein Verfahrensvorschlag zur Erschließung juristischer Literatur mit Computern, Juristische Arbeitsblätter 1970, S. 566 ff.; *Seidel,* DRiZ 1970, S. 116 ff.; *Bühnemann,* Materialien, Band II, E III – V.

[11] Vgl. dazu *Fiedler,* Automatisierung im Recht und juristische Informatik, JuS 1971, S. 228 ff.; *Borkowski, Cepanec* u. a., Structure and Effectiveness of the Citation Identifier, Law and Computer Technology 1970, S. 42 ff.; *Gallizia, Mollame, Bardone,* Some Theoretical Considerations and an Experimental Approach to the Problem of Legal Information Retrieval, Law and Computer Technology 1970, S. 133 ff.; *Haft, Müller-Krumbhaar,* JA 1970, S. 566 ff.; *Knapp, Vrecion,* Research of the Applicability of Cybernetics in Law Conducted in Czechoslovakia, Law and Computer Technology 1970, S. 154 ff.; *Raisch,* Überlegungen zur Verwendbarkeit von Datenverarbeitungsanlagen in der Gesetzgebung und im Rechtsfindungsprozeß, JZ 1970, S. 433 ff. Allgemein: *Hart-*

nutzerbedürfnissen – zu untersuchen, welcher Art die Datenverknüpfungen sein sollten, ob z. B. eine Verknüpfung von Problemkreisen unabhängig von den jeweiligen Sachbereichen erfolgen sollte. Als Beispiel sei hier genannt der Problembereich Unternehmensgründung, bei dem zu überprüfen wäre, ob Verknüpfungen gleichermaßen zu gesellschaftsrechtlichen wie zu steuerrechtlichen Daten vorgenommen werden sollten.

3. Ausgabe der Daten

Interdependenzen zwischen Benutzerbedürfnissen und Struktur der Datenbank bestehen auch bei Art und Umfang der Datenausgabe[12]. So dürfte aus der Sicht der Benutzer nicht nur von Bedeutung sein, wieviele Terminals an welchen Orten aufgestellt werden, es dürfte auch gleichermaßen erheblich sein, in welcher Weise die Daten bereitgestellt werden, so z. B. ob sie im Wege des Dialogs Mensch – Maschine gewonnen und ob sie mittels Bildschirmgerät, Fernschreiber oder Kopiergerät bzw. durch eine Kombination verschiedener technischer Vorrichtungen erlangt werden können. Dabei ist sicherlich des weiteren die Möglichkeit einer Auswahl und Begrenzung der einzelnen Informationen wichtig, so z. B. die Beschränkung der Informationen auf einzelne bibliographische Daten.

Schließlich dürften der Kosten- und der Zeitfaktor für den Benutzer eine wesentliche Rolle für die mögliche Inanspruchnahme juristischer Datenbanken spielen. Kann der Benutzer die benötigten Daten schneller und/oder billiger durch andere Informationsmedien, etwa durch Entscheidungssammlungen, Kommentare oder Lehrbücher gewinnen, so wird er vermutlich von einer Benutzung der juristischen Datenbank Abstand nehmen.

II. Zu Begriff, Gegenstand und Funktion der „Datenbank"

1. Zum Begrifflichen

Unter dem Begriff „Datenbank" kann zunächst eine Sammlung von Daten an einer zentralen Stelle, nämlich in einer „Bank" verstanden werden[13]. Diese gegenständliche Orientierung des Begriffs enthält allerdings weder qualitative noch quantitative Aussagen zu der Frage, welche Daten in welchem Umfange gesammelt werden. Bei der juristischen Datenbank liegt zwar insofern eine Begrenzung vor, als es sich um juristische Daten handeln muß. Geht man jedoch der Frage nach, welche „juristischen" Daten hier in Betracht kommen,

---

mann, Peter, Sprachwissenschaft und Rechtswissenschaft, Rechtstheorie I (1970), S. 47 ff.; *Horn,* Rechtssprache und Kommunikation, Berlin 1966; *Hatz,* Rechtssprache und juristischer Begriff, Res publica, Beiträge zum öffentlichen Recht, Band 10, Stuttgart 1963; *Lampe,* Juristische Semantik, Studien und Texte zur Theorie und Methodologie des Rechts, Band 6, Bad Homburg – Berlin – Zürich 1970.

[12] Vgl. zu den Möglichkeiten des Teilnehmerverkehrs 1. Zwischenbericht, a.a.O., S. 7 f.; *Schwuchow,* Nachrichten für Dokumentation 1971, S. 237.

[13] Ähnlich auch *Hauff,* Wörterbuch der Datenverarbeitung, 3. Auflage 1967, Stichwort „Datenbank". Vgl. auch *Schneider,* Datenverarbeitungs-Lexikon, 1970, Stichwort „Datenbank". Für gewöhnlich wird allerdings unter dem Begriff Datenbank eine doch schon komplexere Organisation im Rahmen eines Informationssystems verstanden.

so bleibt gleichwohl ein weites Feld von Möglichkeiten. So könnte man z. B. differenzieren zwischen Rechtsnormen, Judikaten und rechtswissenschaftlichen Daten der einzelnen Rechtsbereiche, es ist aber auch vorstellbar, unter den Begriff juristische Daten rechtlich relevante Sozial- und Wirtschaftsdaten zu subsummieren.

In der gegenwärtigen Diskussion um Datenbanken gewinnt man allerdings den Eindruck, daß dem Begriff Datenbank je nach Standort und Intention des einzelnen Betrachters Merkmale zugefügt werden, die dem Begriff als solchem fremd sind. So finden sich vor allem Verknüpfungen zwischen dem Begriff der Datenbank und der Vorstellung, daß eine Datenbank durch elektronische Datenverarbeitungsanlagen betrieben wird, um – ein weiteres Element – Benutzerbedürfnisse besser als bisher zu befriedigen. Es dürfte jedoch gefährlich sein, mit dem Begriff Datenbank sogleich qualitative Merkmale eines bestimmten Mindestniveaus zu verbinden, die den Blick für die einzelnen Ansatzpunkte und Möglichkeiten einer Datensammlung vorstellen könnten. So kann eine Sammlung von Daten sehr wohl den Charakter einer Bank haben, wenn die Daten nicht in eine Datenverarbeitungsanlage eingegeben werden. Ebensowenig wird vom Begrifflichen her das Wort Datenbank infrage gestellt, wenn eine nur begrenzte Datensammlung ohne weitere Verarbeitung einem beschränkten Benutzerkreis zugänglich gemacht wird.

2. Datenbank und Benutzer

Gleichwohl werden Datenbanken nicht als Selbstzweck geschaffen. Sie sollen nach dem erklärten oder vorausgesetzten Willen der Schöpfer die Funktion haben, Benutzerbedürfnisse zu befriedigen. Entsprechend den unterschiedlichen qualitativen und quantitativen Benutzerbedürfnissen können Datenbanken nun allerdings sehr unterschiedliche Strukturen aufweisen. So können sie den Charakter einer – sachlich begrenzten – Dokumentationsstelle haben, sie können jedoch auch das Zentrum eines differenzierten Informationssystems bilden.

In der Beziehung Datenbank – Benutzer treten damit Bewertungsfaktoren zum Datenbankproblem hinzu, die zwar den Charakter der Datensammlung als Datenbank nicht infrage stellen, jedoch bestimmend sind für die Frage, ob eine Datenbank ihrer Funktion gerecht wird, die Informationsbedürfnisse zu befriedigen. Ob sie jedoch diese Funktion erfüllt, hängt nicht von einem abstrakten Qualitätsanspruch Dritter ab, sondern von der konkreten Informationslage und der konkreten Einsatzmöglichkeit einer Datenbank. Insofern sind auch Forderungen, die gegenüber einzelnen Datenbankprojekten erhoben werden, stets zu messen an der tatsächlichen Informationslage und den konkreten Möglichkeiten, die Informationslage durch den Einsatz von Datenbanken zu verbessern[14].

---

[14] Im Sinne einer Forderung auch *Dammann,* Zeitschrift für Rechtspolitik 1971, S. 288. Zu den einzelnen Limitierungen der Idealforschungen vgl. vor allem *Uhlig,* Zur Problematik eines Juristischen Informationssystems, JZ 1971, S. 644 ff.; ferner *Alan,* Law and Computer Technology 1970, S. 184 ff.; allgemein zur Systementwicklung *Kent,* Einführung in die Informationswiedergewinnung, München und Wien 1966, S. 199 ff.

3. Integrationsstufen bei Datenbanken

Datenbanken als Instrument der Information und Kommunikation entstehen nicht in einem freien Raum. Sie sind vielmehr zu integrieren in die jeweilige Informationslandschaft und damit in ihrer Effizienz abhängig von den die aktuelle Informationslage gestaltenden Faktoren.

Art und Umfang der Integration können und werden dabei unterschiedliche Intensitätsgrade aufweisen. Dem Einsatz von EDVA in Unternehmen vergleichbar, können auch hier unterschiedliche Stufen der Integration unterschieden werden, die jeweils andere Anforderungen an die Datenauswahl, die Datenverarbeitung und die Datenausgabe, insgesamt an die technischen, organisatorischen, personellen und finanziellen Vorkehrungen stellen. Die in der Betriebswirtschaft entwickelten Modelle möglicher Integrationsformen sollten in diesem Zusammenhang immerhin zur Kenntnis genommen werden, mögen die einzelnen Problemlagen wegen der zahlreicheren Faktoren auch komplexer sein.

So kann man auch bei juristischen Datenbanken zunächst einmal ausgehen von der Übernahme engbegrenzter Teilfunktionen, die sodann erweitert werden können zu immer umfassenderen Gebilden, die z. B. eine gewisse Parallele finden in den „general management informations systems" (MIS), den „integrated management information systems" (IMIS) und schließlich den „total business systems" (TBS)[15].

4. Konsequenzen für die Benutzerforschung

Organisatorische, personelle und finanzielle Limitierungen werden auch in Zukunft der Benutzerforschung Grenzen setzen, so notwendig es auch ist, der Benutzerforschung den ihr gebührenden Rang einzuräumen. Benutzerforschung, die als Wissenschaft verstanden sein will, wird dabei allerdings ein Mindestmaß an Forschungsbereichen und Forschungsmitteln wahren müssen, will sie zu wissenschaftlich fundierten Erkenntnissen gelangen. Gleichwohl erscheint es als möglich und auch als vertretbar, einzelne Forschungsvorhaben gegenständlich zu begrenzen auf Voraussetzungen und Wirkungen bestimmter Informationsmedien, so z. B. von juristischen Datenbanken einer determinierten Integrationsstufe[16]. So erscheint es als wenig sinnvoll, weitverzweigte Benutzerforschung bei anspruchslosen und in ihrem Wirkungsbereich begrenzten Datenbanken zu betreiben, wenn die Frage, ob bestimmte Projekte die Informationslage zu verbessern vermögen, auch mit einem geringeren Aufwand zuverlässig beantwortet werden kann. Bei aller gebotenen Vorsicht vor der Gefährdung des wissenschaftlichen Charakters dieses Forschungsbereiches wird

---

[15] Vgl. hierzu nur *Hartmann,* Organisationssysteme der betriebswirtschaftlichen Elektronischen Datenverarbeitung, Freiburg 1971, insbes. S. 19 ff.; *Wahl,* Grundlagen eines Management-Informationssystems, Wirtschaftsführung-Kybernetik-Datenverarbeitung, Band 2, Neuwied und Berlin 1969.

[16] Wieweit allerdings im Falle einer derartigen Begrenzung das Spektrum der zu erforschenden Faktoren geht, wäre im Einzelfalle zu prüfen. Jedenfalls kann nicht schon im Vorwege konstatiert werden, daß die Zahl der relevanten Faktoren wesentlich geringer sein wird.

man daher wohl feststellen können, daß Art und Umfang der Benutzerforschung in einer Abhängigkeit zu dem Forschungsobjekt stehen, daß m. a. W. die Bedeutung der Benutzerforschung abnimmt bzw. zunimmt, je nachdem wie niedrig bzw. wie hoch die Ziele gesteckt sind.

III. Zum Gegenstand der Benutzerforschung

1. Zur Situation der Benutzerforschung

Ein erster wesentlicher Schritt zu einer wissenschaftstheoretischen Durchdringung der Benutzerforschung dürfte *Frank Heidtmann*[17] mit seiner Monographie „Zur Theorie und Praxis der Benutzerforschung" gelungen sein. Mit *Heidtmann*[18] ist allerdings festzustellen, daß wir von einer wissenschaftlichen Ansprüchen gerecht werdenden Theorie der Benutzerforschung noch erheblich entfernt sind. So sind auch die bisherigen, zahlreichen Untersuchungen zum Benutzerverhalten und zu Benutzerbedürfnissen gekennzeichnet durch limitierte, aus der Praxis geborene Einzeluntersuchungen, die mit begrenztem Blickwinkel und Instrumentarium lediglich zu situationsgebundenen Teilergebnissen geführt haben[19]. So wertvoll auch einzelne Aussagen sein mögen, ist den bislang vorliegenden Ergebnissen daher mit einer gewissen Vorsicht zu begegnen.

Aus der Vielzahl der Faktoren, die für den gegenwärtigen Stand der Benutzerforschung verantwortlich zeichnen, sind vor allem zwei zu nennen: Zum einen sind es der Forschungsgegenstand, das Benutzerverhalten bzw. die Benutzerbedürfnisse, die das Produkt vielfältiger, zum Teil noch weitgehend unerforschter Faktoren und Kausalverläufe sind. So kann jedenfalls schon an dieser Stelle als gesicherte Erkenntnis festgehalten werden, daß das Benutzerverhalten keinesfalls nur als eine rationale Reaktion auf Informationsangebote zur Deckung eines konkreten Informationsbedarfs gewertet werden kann[20]. Aber selbst wenn man sich im Bereiche des Rationalen bewegt, sind hier noch eine Vielzahl von Elementen wirksam, deren Stellenwert wie deren gegenseitige Abhängigkeit nur schwer zu ermitteln sind. Will man diese Verästelung mit zuverlässigen Methoden und Mitteln aufdecken, so bedarf es zum anderen zwangsweise einer interdisziplinären Forschung, die weniger als eigenständige Disziplin, denn als integrierte empirische Wissenschaft zu begreifen ist[21].

---

[17] *Frank Heidtmann,* Zur Theorie und Praxis der Benutzerforschung – Unter besonderer Berücksichtigung der Informationsbenutzer von Universitätsbibliotheken, München-Pullach, Berlin 1971; vgl. aber auch *Wersig,* Information – Kommunikation – Dokumentation, Beiträge zur Informations- und Dokumentationswissenschaft – Folge 5, München-Pullach, Berlin 1971.

[18] *Heidtmann,* a.a.O., S. 35 ff., 249 ff.

[19] Vgl. *Neubauer,* Die Bibliothek und ihre Benutzer. Ein Bericht über Arbeiten zur Benutzerforschung, Mitteilungsblatt des Verbandes der Bibliotheken des Landes Nordrhein-Westfalen, Jahrgang 20, 1970, Nr. 3, S. 1-33; *Schwuchow,* Nachrichten für Dokumentation 1971, S. 237; für den Bereich des Rechts vgl. *Dammann,* Zeitschrift für Rechtspolitik 1971, S. 288; 1. Zwischenbericht, a.a.O., S. 7; *Uhlig,* JZ 1971, S. 646.

[20] Vgl. dazu *Heidtmann,* a.a.O., S. 46 ff., 59 ff.

[21] So auch *Heidtmann,* a.a.O., *insbes.* S. 86 ff., 250.

Wer jedoch um die Schwierigkeiten auch begrenzter interdisziplinärer Forschungsvorhaben weiß, den wird es nicht verwundern, daß in Anbetracht des gegenwärtigen wissenschaftstheoretischen Selbstverständnisses hier relevanter Wissenschaftsbereiche, zu denen bei juristischen Datenbanken auch die Rechtswissenschaft zählt, nahezu unüberwindliche Hindernisse bestanden. Hinzu trat wohl noch der Umstand, daß die Herausforderung durch die neuartigen technischen Möglichkeiten der elektronischen Datenverarbeitung bislang noch keine Anreize geben konnte.

Auf jeden Fall bewegt man sich auf schwankendem Boden sowohl hinsichtlich der Art der zu berücksichtigenden Faktoren wie auch in Hinblick auf die Relevanz und die Interdependenz der das Benutzerverhalten bestimmenden Elemente. Diese Unsicherheit setzt sich im übrigen bei der Auswahl der Methoden und Mittel zur Erforschung des Benutzerverhaltens fort. Gleichwohl soll nachfolgend der Versuch unternommen werden, den Gegenstand der Benutzerforschung schärfer zu umreißen und zu konkreteren Überlegungen vorzudringen.

2. Zum Gegenstand der Benutzerforschung[22]

Die Benutzerforschung hat das Verhalten von Personen und Institutionen, insgesamt von Bedürfnisträgern im Umgang mit Informationen zum Gegenstand. Dabei wird für gewöhnlich diese allgemeine Zielsetzung limitiert auf Untersuchungen des Verhältnisses von Benutzern zu bestimmten informationsvermittelnden Einrichtungen, so insbesondere zu Bibliotheken.

Auch bei einer gegenständlichen Beschränkung des Untersuchungsobjektes stellt sich allerdings die Frage, welche Faktoren für das Verhalten der Benutzer relevant sind und damit einer Verifizierung sowie Bewertung erfordern. Das bloße Führen von Strichlisten über die Benutzungsfrequenz bei bestimmten Institutionen und deren Informationen dürfte jedenfalls ebenso unzulänglich sein wie die Auswertung von Blankettfragen etwa des Inhalts, ob man bereit sei, sich durch eine juristische Datenbank schnell, exakt und preiswert über bestimmte Rechtsfragen determinierter Rechtsbereiche informieren zu lassen. Die Benutzerforschung wird sich vielmehr erstrecken müssen auf die den Informationsbedarf bzw. die individuellen Informationsbedürfnisse bildenden Faktoren seitens der Benutzer und auf die Interaktionen zwischen Art und Umfang der Informationsangebote auf der einen sowie den Informationsbedürfnissen auf der anderen Seite. Dabei sind die Einflußfaktoren auf der Benutzerseite von besonderem Interesse. Ihnen soll hier zunächst nachgegangen werden, wobei in Anlehnung an *Heidtmann* unterschieden wird zwischen personenbezogenen und situationsbezogenen Faktoren[23].

---

[22] Vgl. zum Gegenstand vor allem *Heidtmann*, a.a.O., S. 10 ff., 86 ff. Vgl. zur soziologischen Benutzerforschung *Bock*, Soziologie und Bibliothek: Zur theoretischen Bestimmung des Begriffs „soziologische Benutzerforschung", Nachrichten für Dokumentation 1971, S. 231 ff. Zur Informationswissenschaft generell *Kunz, Rittel*, Die Informationswissenschaften – Ihre Ansätze, Probleme, Methoden und ihr Ausbau in der Bundesrepublik Deutschland, Heidelberg/Berkeley 1969.

[23] Vgl. *Heidtmann*, a.a.O., S. 41 ff.

IV. Bedürfnisbildende Faktoren auf der Benutzerseite

1. Art der Unterteilung

Die nachfolgende Unterteilung einzelner informationsbildender Faktoren ist sicherlich nur eine von vielen Unterscheidungsmöglichkeiten. Dabei sollte von vornherein bedacht werden, daß die einzelnen Faktoren in einer sehr starken Abhängigkeit zueinander stehen, d. h. nur die Gesamtheit aller Faktoren zu einer Aussage über das Informationsverhalten und die Informationsbedürfnisse der Benutzer führen kann.

Die hier gewählte Unterteilung geht aus von dem engeren Kreis der personenbezogenen Faktoren, die naturgemäß außerordentlich individuelle Züge aufweisen. Gleichwohl sollten diese Faktoren nicht ausgeklammert werden, weil auch sie für das konkrete Informationsverhalten maßgeblich, oft sogar bestimmend sein können. In einem weiteren Schritt werden die engen Grenzen individueller Elemente überschritten und berufsbezogene Faktoren behandelt, die schon eine gewisse generalisierende Bewertung zulassen. Diese Überlegungen führen weiter zu den situationsbezogenen Faktoren, die nicht mehr primär durch personale und berufliche Elemente, sondern vornehmlich durch Umweltfaktoren gekennzeichnet sind. Die Behandlung dieser Umweltfaktoren mündet schließlich in die Frage ein, welche Positionen eine juristische Datenbank in einer konkreten Informationslandschaft einnehmen kann – ein Problem, das in dem nächsten Abschnitt behandelt wird.

2. Personenbezogene Faktoren

Im Vordergrund stehen bei den personenbezogenen Faktoren persönliche, vor allem charakterliche Veranlagungen. So wird z. B. ein aktiver Mensch eher bereit sein, seinen Informationsbedürfnissen durch Ausweitung der Information nachzugehen, als ein zur Passivität neigender Mensch, wie auch das Lernverhalten in starkem Maße durch Leistungs- und Erfolgsmotivationen beeinflußt wird[24].

In diesem Zusammenhang zu nennen sind aber auch individuelle Ausbildungsgänge, die das Informationsverhalten beeinflussen können. So besteht immerhin eine gewisse Wahrscheinlichkeit dafür, daß Juristen, die eine wissenschaftlich geprägte Universitätsausbildung genossen haben (möglicherweise als Assistenten tätig gewesen sind), auch in ihrem späteren praxisorientierten Beruf, etwa als Rechtsanwalt, entsprechend ihrem Bildungsstand weit mehr Informationen in Anspruch nehmen und verarbeiten werden, als es gemeinhin üblich ist.

Nicht zuletzt dürfte die individuelle Vermögenslage einen Einfluß auf das Informationsverhalten haben: wer finanziell in der Lage ist, seinen Informationsbedarf mit Lehrbüchern und Großkommentaren zu decken, wird davon vermutlich eher Gebrauch machen, als ein Jurist, der gerade seinen Lebensunterhalt verdienen kann.

---

[24] Vgl. *Heidtmann*, a.a.O., S. 47 f; vgl. auch *Bock*, Nachrichten für Dokumentation 1971, S. 235 f.

Als weitere personenbezogene Faktoren kommen schließlich in Betracht Alter (ein im Dienst „ergrauter" Jurist wird im Zweifel dem „Bewährten" den Vorzug geben gegenüber Neuerungen), soziale Herkunft, Nationalität und Geschlecht.

3. Tätigkeitsbezogene Faktoren[25]

Eine Klassifizierung der Informationsbedürfnisse allein nach den einzelnen juristischen Berufsgruppen dürfte nicht genügend aussagekräftig sein, mögen sich hier auch gewisse Unterscheidungsmerkmale zeigen[26]. So ist es durchaus möglich (und häufig auch der Fall), daß z. B. Anwälte, Gerichte und Juristen in Wirtschaftsunternehmen wissenschaftlich fundierte Stellungnahmen mit einem großen Informationsvolumen abgeben, während auf der anderen Seite Wissenschaftler an der Universität gelegentlich nur in einem sehr eng begrenzten, auf größere Informationsmengen nicht angewiesenen Forschungsbereich tätig sind und über einen längeren Zeitraum mit nur einigen wenigen Monographien auskommen.

Ergiebiger dürfte demgegenüber eine Differenzierung der einzelnen Faktoren nach Sachbereichen und der Art der in diesen Sachbereichen konkret ausgeübten Tätigkeiten sein. Für das Informationsverhalten sind in diesem Zusammenhang sicherlich Unterschiede anzutreffen, je nachdem, ob es sich um eine Materie handelt, die sehr expansiv ist, wie z. B. das Sozialrecht oder das Arbeitsrecht, oder die mehr statischer Natur ist, wie z. B. das Verfahrensrecht. Hier wäre allerdings weiter zu differenzieren nach der Art der Tätigkeit, und zwar ob die Tätigkeit mehr praxisorientiert oder stärker nach wissenschaftlichen Fragestellungen ausgerichtet ist. Weist die Tätigkeit einen mehr wissenschaftlichen Charakter auf, so wäre weiter zu fragen, ob Grundlagenforschung, Entwicklungsforschung oder angewandte Forschung betrieben wird. Man sollte aber auch hier bedenken, daß die Art der Tätigkeit nicht unbedingt kongruent sein muß mit der Art der benötigten Informationen. So tritt z. B. im Rahmen der Rechtstatsachenforschung an der Universität ein besonderer Bedarf an tatsächlichen Informationen auf, etwa aus dem Bereich des Unternehmensrechtes, während andererseits in den Rechtsabteilungen von Unternehmen ein besonderes Bedürfnis nach Informationen aus der Rechtswissenschaft entstehen kann.

In diesem Zusammenhang wird es darüber hinaus notwendig sein, Überlegungen zur Organisation der juristischen Tätigkeit und damit auch zu der wissenschaftlichen Disziplin anzustellen[27]. So sind vor allem strukturelle Gegebenheiten des Rechtes als Gegenstand des Informationsprozesses zu berücksichtigen. Erfolgt der Zugang zu den juristischen Informationen, so ist z. B. zu fragen, über tatsächliche, rechtstheoretische, rechtssystematische Informationen oder

---

[25] Vgl. hierzu *Bock*, Nachrichten für Dokumentation 1971, S. 233 ff.

[26] So muß bezweifelt werden, ob der Gruppierung nach Berufen im 1. Zwischenbericht, a.a.O., S. 6 f., Aussagekraft zukommt; allerdings wird dort auch betont, daß weitere Untersuchungen notwendig sind. Auch von *Heidtmann*, a.a.O., S. 49, wird die Aussagekraft einer Einteilung nach Berufsgruppen infrage gestellt.

[27] *Haft, Müller-Krumbhaar*, JA 1970, S. 566 ff. Vgl. dazu auch *Dammann*, Zeitschrift für Rechtspolitik 1971, S. 290; allgemein zum Informationszugang *Hoppe*, Die systematischen Grundlagen für ein linguistisch orientiertes maschinelles Dokumentationsverfahren, Nachrichten für Dokumentation 1969, S. 152 ff.

durch eine Kumulierung bzw. Verknüpfung dieser Informationen? Wie hoch darf der Abstraktionsgrad oder die Komplexität innerhalb eines bestimmten Rechtsbereichs sein, um noch von den Benutzern aufgenommen werden zu können? Kann man von einem bestimmten durchschnittlichen Erkenntnisstand bzw. Grad juristischer Arbeitsfähigkeiten ausgehen und diese sodann zur Grundlage eines juristischen Dokumentationssystems machen?[28] Ist es möglich, eine allen Juristen gemeinsame Sprachbasis mit gleichen semantischen und pragmatischen Elementen, insbesondere eine bestimmte Anzahl von Begriffen einem Retrievalsystem zugrunde zu legen?[29] Wieviel Daten dürfte bzw. sollte die kleinste Informationseinheit umfassen, damit sie einerseits den geforderten Informationsgehalt aufweist, zum anderen den Benutzer nicht zu sehr mit nicht benötigten Informationen belastet, etwa in Form einer Beschränkung der Grundinformation auf bibliographische Angaben oder auf die Angabe der gespeicherten Dokumentenzahl zu einem bestimmten Begriff?[30] Diese sowie weitere Fragen[31] und Unterfragen bedürfen einer Antwort, wenn komplexe Do-

---

[28] *Wieacker*, Recht und Automation, Festschrift für Eduard Bötticher, Berlin 1969, S. 383 ff., ist vor allem das Verdienst zuzuschreiben, zu den hier aufgeworfenen grundsätzlichen Fragen nach dem Standort des Rechtes und den daraus resultierenden Anwendungsbereichen der Datenverarbeitung grundlegend Stellung genommen zu haben. *Simitis*, Informationskrise, a.a.O., S. 9 ff., zeichnet in prägnanten Ausführungen die derzeitige Situation, die „Informationskrise". Es drängt sich in diesem Zusammenhang allerdings mit Simitis die Frage auf, ob wir „nur" in einer Informationskrise oder zugleich auch in einer Struktur- und Verständniskrise leben, die tiefer liegt und nicht allein mit den Mitteln verbesserter Information bewältigt werden kann. Der Zwang zur Spezialisierung (und damit zur Vernachlässigung anderer Rechtsbereiche) wie auch die legitime Forderung nach Berücksichtigung der sozialen Wirklichkeit und der sozialen Implikationen des Rechtes sind jedenfalls nicht nur ein Problem der Information, wenn auch der „geistige Horizont" des Juristen durch adaequate Informationen und Informationsmedien sicherlich noch erweitert werden kann. Vgl. auch *Bühnemann*, Materialien, Band II, C II.

[29] Wie wesentlich die Sprachprobleme bei juristischen Datenbanken sind, zeigen vor allem die Schwierigkeiten bei der Erstellung von Thesauri und der Eleminierung von Füllworten. Mit den Problemen der Sprache im Recht befaßt sich im übrigen seit längerem ein interdisziplinärer Arbeitskreis, der in regelmäßigen Abständen im Deutschen Rechenzentrum in Darmstadt zusammenkommt. Vgl. zur Problematik auch *Prestel*, Datenverarbeitung im Dienste juristischer Dokumentation, S. 10 ff.; *Gallizia, Mollame, Bardone*, Law and Computer Technology 1970, S. 133 ff.; *Haft, Müller-Krumbhaar*, JA 1970, S. 566 ff.; *Knapp, Vrecion*, Law and Computer Technology 1970, S. 154 ff.; einen besonderen Einblick in die Probleme der Semiotik gibt der Bericht von *Laporta, Borruso, Falcone, Novelli*, Sistema di ricerca elettronica delle giurisprudenza, Rom 1969, über das Dokumentationssystem des römischen Kassationsgerichtshofes. *Raisch*, JZ 1970, S. 433 ff. Sehr kritisch gegenüber den Möglichkeiten, die semantischen Aspekte zur Zeit erfassen zu können, *Horn*, Die semantischen Aspekte der Informationswiedergewinnung, NJW 1971, S. 1588 ff.; vgl. dazu auch die Erwiderung von *Knauber*, Scheitert das Juristische Informationssystem an den semantischen Aspekten der Informationswiedergewinnung, NJW 1971, S. 2256 f.

[30] Auf das Problem der relevanten Informationseinheiten haben auch *Haft* und *Müller-Krumbhaar*, JA 1970, S. 566 ff., hingewiesen.

[31] So ist z. B. die weitere Frage zu klären, ob es in der gegenwärtigen Situation bzw. künftig genügen kann, die bereitgestellten Informationen lediglich aufzunehmen und an den Benutzer weiterzuleiten, oder ob vielmehr eine Verarbeitung der Informationen

kumentations- und Informationssysteme mit einer heterogenen Benutzerstruktur aufgebaut werden sollen.

Im Rahmen der tätigkeitsbezogenen Faktoren wird es darüber hinaus erforderlich sein, der Organisation der juristischen Tätigkeit nachzugehen, d. h. zu fragen, ob der einzelne Benutzer seine Tätigkeit allein oder in einer Gruppe, sei es organisiert oder nicht organisiert, ausübt. Bei einer Gruppentätigkeit, so z. B. in einer Rechtsabteilung eines Unternehmens, in einem Kollegialgericht, in einer Anwaltssozietät oder in einem Universitätsinstitut, wird es vermutlich irgendeine Form der Arbeitsteilung oder Spezialisierung geben, die sodann auch zu sichtbaren oder unsichtbaren Kommunikationen führen und das Informationsverhalten gegenüber externen informationsvermittelnden Institutionen beeinflussen können. In diesen Fällen ist es daher u. U. empfehlenswert, nicht das Benutzerverhalten einer Einzelperson zu untersuchen, sondern das Gruppenverhalten in seiner Gesamtheit gegenüber externen Institutionen.

4. Situationsbezogene Faktoren[32]

Unter situationsbezogenen Faktoren werden jene Merkmale verstanden, die weder zu den personenbezogenen noch zu den tätigkeitsbezogenen Faktoren gehören, zu diesen vielmehr in einer zufälligen Beziehung stehen, gleichwohl jedoch das Informationsverhalten beeinflussen. Hierunter fallen insbesondere lokale Gegebenheiten, so z. B. das Vorhandensein einer eigenen Bibliothek oder die Nähe zu anderen Bibliotheken, die leicht zugänglich sind, insgesamt ein Informationsangebot, das dem Benutzer zur Verfügung steht. So dürfte z. B. ein Jurist in einer kleineren Stadt weniger große Informationsmöglichkeiten haben als ein Jurist, der in unmittelbarer Nähe einer ihm zugänglichen Fachbibliothek tätig ist. Der Jurist mit geringeren Informationsmöglichkeiten wird möglicherweise (zugleich in Abhängigkeit zu seiner Tätigkeit) eine juristische Datenbank mit einem Terminal im eigenen Hause weit mehr begrüßen als ein Jurist, der gewohnterweise über sämtliche von ihm benötigten Informationen in einer ihm gewohnten Umgebung verfügen kann.

In engem Zusammenhang hiermit ist des weiteren der Zeitfaktor zu nennen, der einen retardierenden, aber auch einen begünstigenden Einfluß auf das Informationsverhalten ausüben kann. Wer seine Informationsbedürfnisse durch einen schnellen Blick in einen Kommentar auf dem nebenstehenden Regal befriedigen kann, wird wohl nicht bereit sein, eine möglicherweise häufig blockierte Fernschreibleitung zu benutzen, nur um ein wenig mehr an Informationen zu erlangen.

Schließlich dürfte der Kostenfaktor als situationsbezogenes Element das Informationsverhalten beeinflussen. Die Vermögenslage des einzelnen Benutzers (Person oder Institution) wie auch der (materielle oder immaterielle) Wert der angebotenen Information für den Benutzer werden mehr oder minder bestimmend

---

zu neuartigen Informationen, etwa in der Gestalt von Analysen der Rechtsprechung und der Lehre, geboten sein wird.

[32] Gerade die situationsbezogenen Faktoren dürften einen erheblichen Einfluß auf das Informationsverhalten haben; so auch *Heidtmann*, a.a.O., S. 48 ff.

sein für die Entscheidung, welche der vorhandenen Informationen in Anspruch genommen werden. Eine juristische Datenbank wird daher vermutlich dann ein bescheidenes Dasein führen, wenn sie im Verhältnis zu anderen Informationsmittlern einen zu hohen Preis für ihre Informationen verlangt.

V. Juristische Datenbanken als Teilelement einer konkreten Informationslage

Die Gesamtheit der bedürfnisbildenden Faktoren erlaubt jedenfalls die Feststellung, daß eine juristische Datenbank nur effizient wirken kann, wenn sie in eine konkrete Informationslandschaft integriert wird. In diesem Zusammenhang ist vor allem noch ein Gesichtspunkt hervorzuheben, der zwar schon angeklungen ist, jedoch noch einer Vertiefung bedarf: die Abhängigkeit der juristischen Datenbank von anderen Informationsträgern und -mittlern, insbesondere von den Erzeugnissen der juristischen Fachverlage als klassische Informationsträger und -mittler im Bereiche des Rechtswesens[33].

Der Benutzer wird, davon ist auszugehen, im Regelfalle jene informationsvermittelnden Einrichtungen in Anspruch nehmen, die seine Informationsbedürfnisse am besten zu decken in der Lage sind. Mag dieser Auswahlvorgang auch mit allen bereits gekennzeichneten Unwägbarkeiten und persönlichen Eigentümlichkeiten belastet sein, so spricht doch eine gewisse Wahrscheinlichkeit dafür, daß der Benutzer objektivierbare Vorzüge der ihm von den einzelnen Institutionen angebotenen Informationen zu erkennen vermag. So ist es z. B. wahrscheinlich, daß ein Benutzer, der sich einen Überblick über die Rechtsprechung der letzten Jahre zu einem bestimmten Rechtsproblem verschaffen will, zu einem Handkommentar greifen wird, anhand der dort vorhandenen Nachweise und Kommentierungen die ihn interessierenden Entscheidungen heraussuchen und diese sodann in einer Entscheidungssammlung nachlesen wird, soweit ihm beide Möglichkeiten zur Verfügung stehen, statt in u. U. zeitraubender und kostspieliger Weise eine juristische Datenbank zu benutzen[34]. Andererseits könnte für den Benutzer die Inanspruchnahme einer juristischen Datenbank dann sinnvoll sein, wenn er eine noch nicht veröffentlichte Entscheidung qua Datenbank erlangen kann.

Es verbleibt allerdings die Frage, ob über eine kasuistische Aufzählung möglicher Vorzüge der jeweiligen informationsvermittelnden Einrichtungen hinaus einzelne qualitative Merkmale hervorgehoben werden können, die singulär oder in Verbindung mit anderen Merkmalen das Informationsverhalten des Benutzers zu bestimmen, vor allem aber die Situation auf dem Gebiete der Information zu verbessern vermögen. Diese Frage stellt sich vor allem bei der Errichtung von juristischen Datenbanken, deren Zielsetzung gerade darin besteht, die

---

[33] Vgl. hierzu *Bühnemann*, Die Stellung der rechts- und staatswissenschaftlichen Verlage zu und im Rahmen eines Informationsbankensystems, a.a.O., insbesondere unter E I – V.

[34] Je nach Organisation der Datenbereitstellung und der Struktur des Datenmaterials könnte die Datenbank dem Benutzer jedoch auch in diesem Falle u. U. einen Komfort bieten, der ihn veranlaßt, statt des Kommentars und der Entscheidungssammlung sogleich die Datenbank in Anspruch zu nehmen.

Informationslage zu verbessern. Dabei sollte jedoch bedacht werden, daß der Benutzererziehung, der Beeinflussung des Benutzerverhaltens sicherlich Grenzen gesetzt sind[35]. Nach den bisherigen Erfahrungen ist jedenfalls nicht damit zu rechnen, daß der Neuheitswert juristischer Datenbanken, die neue Verpackung bereits vorhandener Informationen allein die Interaktionen zwischen Benutzerbedürfnis und informationsvermittelnder Institution maßgeblich zu verstärken in der Lage sind.

VI. Qualitative Merkmale juristischer Datenbanken

Es sind wohl im wesentlichen vier Merkmale, die als Korrelat zu den möglichen Arten der Informationsbedürfnisse in Betracht zu ziehen sind: die Bereitstellung umfassender, präziser, schneller und/oder preiswerter Informationen. Diese vier Merkmale sollen nachfolgend in bezug auf juristische Datenbanken des näheren gekennzeichnet werden.

1. Bereitstellung umfassender Informationen

Eigentlich reizt schon das Wort „umfassend" zum Widerspruch, ist doch eine umfassende oder vollständige Information entweder überhaupt nicht möglich oder aber an relativierenden Faktoren, wie dem Benutzerbedürfnis oder der bisherigen Informationslage zu orientieren. Mit diesem Begriff soll allerdings auch nicht das Postulat erhoben werden, sämtliche, in irgendeiner Weise zu bestimmten Gegenständen in bezug zu setzende Informationen in eine juristische Datenbank aufzunehmen. Wie groß und komplex auch eine juristische Datenbank gestaltet sein mag, stets wird die Notwendigkeit einer Auswahl bestehen. Gleichwohl verbindet sich mit der juristischen Datenbank, die mittels EDVA betrieben wird, die Vorstellung, daß diese Datenbank wegen des nahezu unbegrenzten Speichervolumens vor allem in der Lage sein muß, mehr Informationen als bislang für den Benutzer erreichbar sind, anzubieten[36].

Dieses quantitative Moment ist jedoch in Beziehung zu setzen zu dem bisherigen Informationsangebot, d. h. es ist zu fragen, welche Informationen welchem Benutzer zur Verfügung stehen. Die Erhöhung des Informationsangebots allein kann aber noch nicht den Wert bzw. den Vorteil einer juristischen Datenbank ausmachen. Es ist vielmehr des weiteren zu prüfen, ob dem höheren Informationsangebot auch ein Bedarf gegenübersteht. Nur dann, wenn festgestellt wird, daß Informationsbedürfnisse ein Mehr an Informationen erfordern,

---

[35] Gleichwohl ist den Ausbildungsproblemen eine große Bedeutung beizumessen; dabei ist allerdings nicht nur an eine „EDV-Ausbildung" der Benutzer, insbesondere der Juristen, gedacht (vgl. dazu im einzelnen *Steinmüller,* Rechtsinformatik – Elektronische Datenverarbeitung und Recht, JR 1971, S. 1 ff.), zugleich müßte der Versuch unternommen werden, den Juristen in der Bedeutung und Struktur von Information und Kommunikation im Bereiche des Rechtswesens zu unterweisen.
Vgl. zur Benutzerschulung u. a. *Harrington,* Computer and legal research, Law and Computer Technology 1971, S. 73 ff.

[36] So könnte die Hauptaufgabe einer juristischen Datenbank darin bestehen, als Sammelbecken für die Fülle der „Basis" – oder „Primärinformationen" etwa aller relevanter Gerichtsentscheidungen zu dienen; vgl. dazu *Bühnemann,* Materialien, Band II, unter E III.

wäre es zweckmäßig, die juristische Datenbank als ein Sammelbecken für eine Vielzahl vorhandener oder anderweitig nicht vorhandener Informationen zu konzipieren. Unter diesem Blickwinkel ist, einmal abgesehen von technischen, organisatorischen und wirtschaftlichen Überlegungen, auch das viel diskutierte Problem zu erörtern, ob neben den Gesetzen und der Judikatur auch das Schrifttum gespeichert werden sollte und wenn ja, ob sodann nur mit bibliographischen Daten, als Abstracts oder im Volltext[37]. Wenn sich z. B. aufgrund vorheriger Analysen herausstellen sollte, daß kein besonderer Bedarf für Informationen über Schrifttum durch die juristische Datenbank besteht, sollte auf eine Speicherung u. U. verzichtet werden.

2. Bereitstellung präziser Informationen

Das qualitative Merkmal „präzise Information“ beinhaltet zwei Forderungen, die in einem gewissen Zusammenhang zueinander stehen. Einerseits muß die Information, die bereitgestellt wird, einen objektiv richtigen Inhalt haben[38]. Über die Frage, welche Information objektiv richtig ist, kann man sich allerdings streiten, da für den Informationsgehalt variable semantische wie pragmatische Faktoren maßgeblich sind. So wichtig und so selbstverständlich die Wahrung der Objektivität der von einer juristischen Datenbank angebotenen Informationen ist, steht dieses Problem hier jedoch nicht allein im Vordergrund. Es interessiert vielmehr zugleich die Frage, in welchem Maße eine juristische Datenbank in der Lage ist, besser als andere Informationsmedien dem Benutzer das Auffinden der von ihm benötigten Informationen zu ermöglichen. So ist vor allem zu beachten, daß der Benutzer häufig nicht eine Vielzahl von Informationen nutzen, sondern aus der Vielzahl ähnlicher Informationen nur eine bestimmte Information erlangen möchte, etwa aus einer Fülle von Entscheidungen aus dem Schadensersatzrecht nur eine bestimmte Entscheidung des Bundesgerichtshofes. Werden hier nicht entsprechende Vorkehrungen getroffen, so kann ein „Zuviel“ eben zugleich ein „Zuwenig“ sein. Bei der Kon-

---

[37] Zur Notwendigkeit einer „gleichrangigen“ Aufnahme der Literatur vgl. vor allem *Zielinski*, Die Juristische Bundesdatenbank als rechtspolitisches Problem, JZ 1971, S. 409 ff.; Zielinski ist allerdings – sind seine allgemeinen rechtspolitischen Forderungen auch legitim – entgegenzuhalten, daß er mit unbewiesenen Unterstellungen operiert, da die Wertigkeit und Effizienz der einzelnen Informationen innerhalb der Informationslandschaft erst noch zu klären ist. Im übrigen hat er offensichtlich übersehen, daß auch die Projektgruppe (vgl. 1. Zwischenbericht, a.a.O., S. 9 f.) die politischen Fragestellungen nicht verdeckt, vielmehr im Wege schrittweisen Vorgehens zunächst mehr technisch-organisatorische Fragen in den Vordergrund gestellt hat, die von der Projektgruppe – ohne die bei rechtspolitischen Fragen dieser Art notwendige Mitwirkung der Wissenschaft – schon einer gewissen Vorklärung zugeführt werden konnten. Insofern ist auch *Uhlig*, Zur Problematik eines Juristischen Informationssystems, JZ 1971, S. 644 ff., in seiner Erwiderung auf die Ausführungen von Zielinski zuzustimmen. Es verwundert, daß auch *Dammann*, Zeitschrift für Rechtspolitik 1971, S. 290 f., sich in einem gewissen Widerspruch zu seiner eigenen Forderung nach vorhergehenden Untersuchungen für eine uneingeschränkte „gleichrangige“ Aufnahme der Literatur ausspricht.

Vgl. zum Problem auch *Bühnemann*, Materialien, Band II, unter E III.

[38] Vgl. zur Wahrung der Objektivität *Simitis*, Informationskrise, a.a.O., S. 112 f.

zeption einer juristischen Datenbank wird daher zu überlegen sein, in welcher Weise und mit welchen Techniken die einzelnen Sachbereiche für den Benutzer aufbereitet und – gegebenenfalls – Sach- oder Rechtsfragen aus verschiedenen Sachbereichen miteinander verknüpft werden können[39].

3. Schnelle Bereitstellung von Informationen

Ein wesentlicher Vorteil juristischer Datenbanken könnte insbesondere darin bestehen, schneller als andere Informationsträger und -mittler Informationen bereitzustellen. In welchen Zeiträumen hier allerdings zu rechnen wäre, ob in Stunden, Tagen, Wochen oder Monaten, müßte ebenfalls noch eingehend geklärt werden. Dabei wird die Beantwortung dieser Fragen einerseits von dem Sachbereich und der Art der Tätigkeit, zum anderen von dem Zeitbedarf anderer informationsvermittelnder Institutionen abhängen. So könnte ein Zeitvorteil von ein oder zwei Wochen, gegebenenfalls sogar von Stunden bei einer rechtsberatenden Tätigkeit ins Gewicht fallen, während er bei anderen Tätigkeiten, so z. B. an Gerichten oder Universitäten, von untergeordneter Bedeutung sein mag. Eine Beschleunigung des Informationsprozesses könnte dadurch erzielt werden, daß die Datengewinnung besser organisiert wird. Sie könnte des weiteren gefördert werden durch Retrievalsysteme, die das Auffinden der Informationen mehr als andere Informationsmedien erleichtern. Schließlich könnte die Kommunikation zwischen Benutzer und Datenbank durch eine Vielzahl von Terminals beschleunigt werden[40].

Vermerkt werden sollte in diesem Zusammenhang allerdings, daß die Vorteile einer Datenverarbeitungsanlage, in kürzester Zeit große Datenmengen zu sichten, allein jedenfalls keine Garantie für eine Beschleunigung des Informationsflusses bieten.

4. Bereitstellung preiswerter Informationen

Aus der Sicht des Benutzers dürfte schließlich auch die Frage relevant sein, zu welchem Preise er bestimmte Informationen erlangen kann. Kann er gleichartige Informationen schneller durch die juristische Datenbank einholen, so wird er, wenn das Zeitmoment für ihn auch ein Kostenfaktor bzw. in sonstiger Weise von Bedeutung ist, gegebenenfalls einen höheren Preis in Kauf nehmen. Ebenso wird der Benutzer einen gewissen Preis für Informationen akzeptieren, die ihm nicht durch andere Informationsträger und -mittler angeboten werden.

Hier lassen sich allerdings weder absolute Größenordnungen noch Richtwerte angeben. Letztlich stellt auch der Informationssektor einen Markt dar, in dem Angebot und Nachfrage den Preis der Informationen weitgehend bestimmen[41].

---

[39] Vgl. zu diesem für die Zukunft vermutlich außerordentlich wichtigen Problem der „Informationskomprimate" *Bühnemann*, Materialien, Band II, unter D II 3, E III.

[40] Art und Anzahl der Datenendstationen werden vermutlich jedenfalls einen mitbestimmenden Faktor hinsichtlich des Benutzerkomforts bilden. Bei komplexeren Informationssystemen ist im übrigen zu erwägen, Vermittlungsdienste einzurichten, die den Benutzer bei seiner Informationssuche unterstützten; vgl. dazu Bericht der Interministeriellen Arbeitsgruppe, a.a.O., S. 61 ff.

[41] Vgl. dazu auch *Prestel*, Datenverarbeitung im Dienste juristischer Dokumentation, Kosten-Nutzen-Relation, S. 21 f., 53 ff.

VII. Verfahren zur Ermittlung der Bedürfnisse

1. Komplexität der Faktoren

Die Benutzerbedürfnisse und damit die Anforderungen an informationsvermittelnde Einrichtungen, wie z. B. an juristische Datenbanken, werden – wie bereits betont wurde – durch eine Vielzahl heterogener und einander bedingender Faktoren gebildet. Verfahren zur Ermittlung der Bedürfnisse müssen daher nicht nur in der Person einzelner Benutzer liegende variable Faktoren berücksichtigen, sie müssen diese Faktoren zugleich in Beziehung setzen zu dem Gegenstand der Informationen wie zu der durch andere konkurrierende Informationsträger und -mittler geprägten konkreten Informationssituation[42]. Dabei sind sowohl in dem Informationsgegenstand liegende strukturelle Fragen zu klären wie auch Probleme zu behandeln, die nur in einer mittelbaren bzw. lockeren Beziehung zum Informationsgegenstand stehen, wie etwa situationsbezogene Kosten- und Zeitfaktoren. Es liegt in Anbetracht dieser Situation auf der Hand, daß Juristen überfordert wären, wollten sie diese Aufgabe allein bewältigen. Es wird vielmehr geboten sein, unter Heranziehung von Dokumentaren, Bibliothekaren, Soziologen, Psychologen, Informatikfachleuten und Wirtschaftswissenschaftlern in interdisziplinärer Gruppenarbeit Verfahren zur Ermittlung der Informationsbedürfnisse zu entwickeln und die Ergebnisse auszuwerten[43].

2. Keine statische Betrachtung

Die Erforschung der Benutzerbedürfnisse wird darüber hinaus dadurch erschwert, daß eine rein statische Bewertung der Informationslage keine oder eine nur begrenzte Unterstützung für die Schaffung neuartiger informationsvermittelnder Institutionen, wie der Datenbanken darstellen würde[44]. Dabei ist vor allem zu beachten, daß das Informationsverhalten eine Reaktion auf Anforderungen darstellt, die aus der Umwelt auf den einzelnen Benutzer eindringen. So wie die Umwelt einem ständigen Wandel unterzogen ist, so unterliegen auch die Benutzerbedürfnisse einer ständigen Veränderung. Informationsbedürfnisse in einem bestimmten Rechtsbereich, die über einen längeren Zeitraum sehr

---

[42] Hierzu sehr eingehend *Heidtmann,* a.a.O., S. 87 ff.; als Beispiele für einzelne Ermittlungsverfahren sind zu nennen: *Heidtmann,* Materialien zur Benutzerforschung, Bibliothekspraxis, Band 3, München-Pullach, Berlin 1971 (Pilotstudie ausgewählter Benutzer der Universitätsbibliothek der Technischen Universität Berlin); *Kschenka,* Benutzeranalyse und Pädagogische Literaturinformation, Beiträge zur Informations- und Dokumentationswissenschaft – Folge 3, München-Pullach, Berlin 1970; *Schoch,* Nutzung der Informationsmittel einer Universitätsbibliothek durch den studentischen Leser, München-Pullach, Berlin 1971.

[43] So auch *Podlech,* Rechtskybernetik – eine juristische Disziplin der Zukunft, Juristenjahrbuch 1969/70, S. 157 ff., 170; vgl. dazu auch *Fiedler,* JUS 1971, S. 228 ff. Allgemein dazu *Heidtmann,* a.a.O., S. 82 ff.

[44] Diesen Überlegungen trägt auch der 1. Zwischenbericht der Projektgruppe des Bundesjustizministeriums jedenfalls für den künftigen Anfall an Informationen Rechnung, vgl. 1. Zwischenbericht, a.a.O., S. 5. Es wird jedoch erforderlich sein, auch das mögliche Verhalten der Benutzer und der übrigen Informationsträger und -mittler in einer veränderten Informationslandschaft in die Überlegungen mit einzubeziehen.

intensiv waren, können sich z. B. auf ein Minimum reduzieren, wenn eine strittige Rechtsfrage höchstrichterlich entschieden worden ist.

Im Rahmen dieser variablen Faktoren ist bei der Errichtung juristischer Datenbanken insbesondere die künftige Entwicklung der übrigen Informationsträger und -mittler zu berücksichtigen[45]. Diese – im Verhältnis zur juristischen Datenbank externen – informationsvermittelnden, weitgehend privatwirtschaftlich strukturierten Institutionen werden für die eigene künftige Tätigkeit nicht nur das Informationsverhalten der potentiellen Benutzer zu erfassen suchen, sie werden zugleich auch bemüht sein, sich der Vorteile dieser Datenbank zu bedienen und mit dem Material der Datenbanken neue Absatzgebiete zu erschließen. Das kann sodann dazu führen, daß bestimmte Zielsetzungen der juristischen Datenbank legitimerweise von privaten Informationsträgern und -mittlern übernommen werden und daher nicht mehr realisiert werden können.

3. Ermittlungstechniken

Auf die einzelnen Möglichkeiten zur Ermittlung der Benutzerbedürfnisse, wie etwa Beobachtungen, Befragungen (Fragebogenaktionen) und Tests kann an dieser Stelle nur hingewiesen werden[46]. Wegen der Komplexität der das Informationsverhalten bestimmenden Faktoren sind hier in besonderem Maße Vorkehrungen zu treffen, um von vornherein mögliche Verfälschungen auszuschließen. So ist z. B. bei Repräsentativumfragen sicherzustellen, daß die Auswahlpersonen auch wirklich repräsentativ sind, daß sie im einzelnen über die Vor- und Nachteile der Informationsmöglichkeiten unterrichtet und daß ihnen künftige Entwicklungstendenzen mit den sich daraus ergebenden Konseqenzen vor Augen geführt werden[47].

Auch im Rahmen des Ermittlungsverfahrens und der Ermittlungstechniken wird man vielfach gezwungen sein, Neuland zu betreten. So ist es bislang auch ungeklärt, welche Methoden wirklich für diese Zwecke am besten geeignet sind und zu generalisierenden Festellungen führen können.

VIII. Benutzerbedürfnisse im Verhältnis zu anderen, die Struktur einer juristischen Datenbank bestimmenden Faktoren

1. Begrenzte Relevanz

Die Benutzerbedürfnisse sind zwar ein wesentliches, wenn nicht sogar das wesentliche Element, an dem sich die Struktur einer juristischen Datenbank orientieren sollte. Sie können jedoch nicht isoliert von anderen Faktoren gesehen werden, die ebenfalls seinen bestimmenden Einfluß auf die juristische Datenbank bzw. auf Teile der juristischen Datenbank haben können. Gedacht

---

[45] Vgl. hierzu *Bühnemann*, Materialien, Band II, unter B II – V und E III – V.

[46] Vgl. allgemein zu den einzelnen Ermittlungstechniken mit weiteren Nachweisen *Heidtmann*, a.a.O., S. 100 ff.
Der Optimismus von *Schwuchow*, Nachrichten für Dokumentation 1971, S. 237 f., mit Hilfe einer verhältnismäßig begrenzten Skala von Indikatoren zuverlässige quantifizierbare Ergebnisse zu erzielen, kann nicht geteilt werden.

[47] Dazu *Heidtmann*, a.a.O., S. 108 ff., 118.

ist hier vor allem an (verfassungs-)rechtliche, an rechtspolitische, an organisatorisch-technische und an Kostenfaktoren.

2. (Verfassungs-)rechtliche Faktoren

Als Barrieren gegen die Aufnahme und/oder Ausgabe von Informationen in bzw. durch eine juristische Datenbank können besondere verfassungsrechtliche Schutznormen wirken. So wäre den Benutzerbedürfnissen z. B. dann nicht Rechnung zu tragen, wenn die Daten zu der geschützten Privatsphäre von Einzelpersonen gehören[48], ein Problem, das z. B. relevant werden könnte bei der Aufnahme von Personaldaten oder unveränderten Gerichtsentscheidungen. Verfassungsrechtliche Bedenken könnten des weiteren daraus resultieren, daß – je nach Organisationsform einer juristischen Datenbank – gegen den Grundsatz der Gewaltenteilung verstoßen wird, etwa indem eine Datenbank von der Exekutive betrieben wird und die übrigen Gewalten durch Art und Umfang der Informationen in eine faktische Abhängigkeit zur Datenbank geraten[49]. Ansatzpunkte für die Wahrung der Gewaltenteilung könnten hier neben organisatorischen Maßnahmen in der Begrenzung oder in der Auswahl der aufzunehmenden Daten gefunden werden. Unter verfassungsrechtlichen Gesichtspunkten bedeutsam ist vor allem der Schutz der Informations- und Pressefreiheit gemäß Art. 5 GG für den Fall, daß eine juristische Datenbank von der öffentlichen Hand als öffentlich-rechtliche Institution organisiert wird[50]. So ist das verfassungsrechliche Problem zu klären, ob und in welchem Umfange der institutionelle Schutz der Pressefreiheit zugleich auch eine Bewahrung der Handlungsfreiheit der privatrechtlich organisierten jeweiligen Fachverlage erfordert und dementsprechend juristische Informationen nur begrenzt von öffentlich-rechtlichen Datenbanken in Konkurrenz zu privaten Einrichtungen bereitgestellt werden dürfen. Schließlich können den Benutzerbedürfnissen Schutznormen des Urheberrechts entgegenstehen[51], die unter bestimmten Voraussetzungen eine Nutzung urheberrechtlich geschützter Informationen hindern

---

[48] Vgl. dazu *Kamlah,* Right of privacy, Das allgemeine Persönlichkeitsrecht in amerikanischer Sicht unter Berücksichtigung neuer technologischer Entwicklungen, Köln, Berlin, Bonn, München 1969; *Arthur R. Miller,* Personal Privacy in the Computer Age: the Challenge of a New Technology in an Information-Oriented Society, Michigan Law Review 1969, S. 1089 ff.; *Simitis,* Informationskrise, a.a.O., S. 131 ff.; *Kerkau,* Heft 1 der Arbeitspapiere Rechtsinformatik, S. 45 f.; *Seidel,* Persönlichkeitsrechtliche Probleme der elektronischen Speicherung privater Daten, NJW 1970, S. 1581 ff.; *Simitis,* NJW 1971, S. 675 ff.; zum Schutze des Arbeitnehmers vgl. *Wiese,* Der Persönlichkeitsschutz des Arbeitnehmers gegenüber dem Arbeitgeber, Zeitschrift für Arbeitsrecht (ZFA) 1971, S. 273 ff., 309 f.

[49] Vgl. dazu *Heussner,* Computer und juristische Dokumentation, BArbBl. 1971, S. 176; *Steinmüller,* JR 1971, S. 8 f.

[50] *Podlech,* Verfassungsrechtliche Probleme öffentlicher Datenbanken, DÖV 1970, S. 473 ff.; vgl. ferner *Simitis,* Chancen und Gefahren der elektronischen Datenverarbeitung. Zur Problematik des Datenschutzes, NJW 1971, S. 673 ff. Vgl. dazu auch *Dammann,* Zeitschrift für Rechtspolitik 1971, S. 289, 290; *Steinmüller* JR 1971, S. 8; *Bühnemann,* Materialien, Band II, unter D III.

[51] Vgl. dazu *Ulmer,* Elektronische Datenbanken und Urheberrecht. Urheberrechtliche Abhandlungen, Heft 12, 1971; *Brutschke,* Urheberrechtsverletzungen bei der Benutzung von elektronischen Datenverarbeitungsanlagen, NJW 1970, S. 889 ff.; zum amerikani-

und damit zu einer Nichtaufnahme dieser Information in juristische Datenbanken führen können.

3. Rechtspolitische Faktoren

Schon die Frage, welche Sachbereiche als erste für eine Datenbank in Betracht zu ziehen sind, enthält rechtspolitische Elemente, die sich nicht nur auf das Benutzerbedürfnis beziehen. Hier dürfte vielmehr auch der Gedanke eine Rolle spielen, mit dem Instrument der juristischen Datenbank einzelne Rechtsbereiche steuernd zu beeinflussen, insbesondere den Benutzer in seinem Informationsverhalten zu erziehen.

In ähnliche Richtung gehen auch die Überlegungen, ob neben den Gesetzen und Judikation das Meinungsschrifttum in eine juristische Datenbank eingespeichert werden sollte. Neben der rechtspolitischen Forderung nach einem Gleichgewicht der Kräfte steht sicherlich auch die rechtspolitische Überlegung, den Benutzer zu stimulieren, seinen „geistigen Horizont" auszuweiten[52]. Eine Verwirklichung dieser rechtspolitischen Forderungen könnte jedenfalls dazu führen, daß u. U. dem gegenwärtigen Benutzerbedürfnis nicht entsprochen wird.

4. Organisatorisch-technische Faktoren

Nicht zuletzt können und werden technisch-organisatorische Probleme zu einer nur begrenzten Auswirkung des Faktors Benutzerbedürfnisse führen. Diese Schwierigkeiten werden in allen Stadien der Informationsgewinnung, -verarbeitung und -weitergabe zu Einschränkungen Anlaß geben, zumal auch bei unbegrenzten finanziellen Möglichkeiten die Vielfalt der Informationsträger und -mittler, wie die starke Verästelung der Informationskanäle, einer auf eine juristische Datenbank ausgerichteten Organisation des Datenflusses natürliche Grenzen setzen wird, die, wenn überhaupt, so doch nicht in absehbarer Zeit überwunden werden können[53].

5. Kostenfaktor

Das Kostenproblem stellt sich schließlich nicht nur als absolute Größe für bestimmte Projekte, sondern auch in der Kosten-Nutzen-Relation im Vergleich zu anderen Informationsträgern und -mittlern[54].

Die Erstellungs- und Unterhaltungskosten für juristische Datenbanken eines

---

schen Rechtsbereich vgl. *Lawlor,* Copyright Infringement by Computer, in Bigelow, Computers and the Law, 2. ed., New York – Chicago 1969, S. 161 ff.

[52] Zu den rechtspolitischen Implikationen einer Juristischen Datenbank vgl. vor allem *Zielinski,* JZ 1971, S. 409 ff.
Vgl. zu den rechtspolitischen Forderungen auch *Dammann,* Zeitschrift für Rechtspolitik 1971, S. 290 f.; im übrigen ist darauf hinzuweisen, daß auch der 1. Zwischenbericht, a.a.O., S. 9 f., die Relevanz der politischen Faktoren hervorhebt.

[53] Diese organisatorisch-technischen Möglichkeiten bzw. Grenzen stehen im Vordergrund des 1. Zwischenberichtes, a.a.O., insbes. S. 7 ff.

[54] Vgl. dazu *Gresser, Paschen, Schwuchow,* Die Kosten der wissenschaftlichen und technischen Information, Informationssysteme – Grundlagen und Praxis der Informationswissenschaften, Band 1, München-Pullach, Berlin 1970; *Schwuchow,* Zur Messung der

höheren Komplexitätsgrades werden jedenfalls Größenordnungen erreichen, die ohnehin nur von der öffentlichen Hand oder mit Unterstützung des Staates verkraftet werden können. Dabei werden zugleich auch Limitierungen auftreten, die zu negativen Auswirkungen auf die Benutzerbedürfnisse führen werden. Hier sollte nun allerdings bedacht werden, daß bei der Auswahl der Projekte die Benutzerbedürfnisse in besonderem Maße berücksichtigt werden.

IX. Konsequenzen für das künftige Vorgehen

1. Keine Realisierung von „Total"-Konzeptionen

In Anbetracht der vielfältigen, weitgehend noch unbekannten Faktoren, die das Informationsverhalten des Benutzers bestimmen, dürfte eine in die Informationslandschaft integrierte juristische Datenbank, die sämtliche oder auch nur große Teile des Rechts umfaßt, in den nächsten Jahren nicht zu verwirklichen sein. Einer derartigen Konzeption würden im übrigen schon die notwendigen zeit- und kostenintensiven Vorarbeiten entgegenstehen, die ohnehin nur in einem längeren Zeitraum bewältigt werden können.

Dem steht allerdings nicht entgegen, daß schon jetzt – wie es auch geschieht – umfangreiche Maßnahmen eingeleitet werden, um eines Tages eine globale, die wesentlichen Rechtsbereiche umfassende Konzeption zu verwirklichen[55]. Es wird für die Zukunft jedoch entscheidend sein, daß Schwerpunkte gesetzt und in einem abgestimmten Verfahren die einzelnen Untersuchungen und

2. Durchführung von Forschungsvorhaben

Dabei sollten vor allem einzelne Forschungsvorhaben formuliert und realisiert werden, die das Informationsbedürfnis wie das Informationsverhalten des Benutzers zum Gegenstand haben, denn die Bedürfnisse und das Sichverhalten werden den Gegenstand und die Struktur juristischer Datenbanken entscheidend beeinflussen. Zugleich sollte ein Forschungsvorhaben das Verhältnis ge-

---

Wirtschaftlichkeit von Dokumentationssystemen, Bericht Nr. 94 der Studiengruppe für Systemforschung e. V., Heidelberg, München-Pullach, Berlin 1970. Vgl. *Uhlig,* JZ 1971, S. 647 f.; vgl. auch *Prestel,* Datenverarbeitung im Dienste juristischer Dokumentation, Kostenvergleich im Rahmen eines Tests zwischen Volltext- und Indexmethode, S. 21 f., 53 ff.

[55] Unter diesem Blickwinkel sollte man auch die bisherigen Arbeiten und Informationen der Projektgruppe Juristisches Informationssystem beim BMJ sehen, wie sie im 1. Zwischenbericht und anderen Stellungnahmen ihren Niederschlag gefunden haben. Bei der Fülle der anstehenden Probleme sollten die bisherigen Darlegungen jedenfalls nicht allein mit der Elle der Rechtspoliitk gemessen werden, so wichtig die Fixierung einer rechtspolitisch ausgewogenen Zielsetzung auch ist. Nicht angängig ist es in diesem Zusammenhang, einzelne Informationsbereiche bzw. -medien, wie z. B. die Literaturinformationen, als „gleichrangig", „vorrangig" oder „nachrangig" zu kennzeichnen, bevor nicht auch nur einigermaßen zuverlässig die für *alle* Beteiligten noch weitgehend im Dunkeln liegenden Basisfaktoren und deren Relevanz untersucht und festgestellt worden sind. Nicht zum Vorwurf erheben kann man jedenfalls die Tatsache, daß zunächst einmal die technisch-organisatorischen sowie die Kostenprobleme Gegenstand einer Untersuchung gewesen sind, denn jede noch so verfeinerte Zielsetzung bleibt eben bloße Zielsetzung, wenn sie nicht auch realisiert werden kann.

planter juristischer Datenbanken zu den übrigen externen Informationsträgern und -mittlern, insbesondere den juristischen Fachverlagen, zum Gegenstand haben, denn das Informationsverhalten des Benutzers wird durch sämtliche informationsvermittelnden Institutionen im Bereiche des Rechtswesens mitgeprägt. Will man daher nicht Gefahr laufen, daß einzelne Zielsetzungen juristischer Datenbanken aufgrund der Aktivitäten anderer Informationsträger und -mittler nicht verwirklicht werden könnten, so sollte beizeiten eine gewisse Kooperation zwischen den einzelnen informationsvermittelnden Institutionen angestrebt werden.

3. Testdatenbanken

Die empirischen und theoretischen Voruntersuchungen werden indes wohl nur zu partiellen Ergebnissen führen. So erweist sich immer wieder, daß praktische Versuche unumgänglich sind. Es ist daher empfehlenswert, so bald wie möglich Versuche mit Testdatenbanken aufzunehmen, die mit limitiertem Material und einer begrenzten Anzahl ausgewählter Benutzer durchgeführt werden könnten[56].

4. Gegenständlich begrenzte juristische Datenbanken

In besonderem Maße aussagekräftig auch für eine Gesamtkonzeption wäre es im übrigen, wenn in einzelnen Teilbereichen Datenbanken geschaffen würden, die in dem jeweiligen Rechtsbereich neben anderen informationsvermittelnden Einrichtungen den Betrieb voll aufnehmen. Sie hätten den unschätzbaren Vorteil, daß mit begrenztem Aufwand in absehbarer Zeit konkrete Ergebnisse gewonnen werden könnten, die nicht mehr, wie etwa bei Testdatenbanken, nur Teilaussagen zuließen und einen teilweise simulativen Charakter aufwiesen. So kann z. B. erwartet werden, daß die geplante Sozialrechtsdatenbank des Bundessozialgerichts, aber auch die Steuerrechtsdokumentation der Gesellschaft Documenta Recht und Steuern im Falle ihrer Realisierung zu wichtigen Erkenntnissen beitragen werden[57].

Allerdings sollte nicht verhehlt werden, daß der Aussagekraft dieser Projekte gleichwohl Grenzen gezogen sind, die vor allem daraus resultieren, daß ein Spezialbereich der Rechtsordnung den Gegenstand bildet, zum anderen der Kreis der Benutzer wohl im Umgang mit diesen Informationen erfahrener und wohl auch weniger heterogen ist als bei anderen, allgemeineren Bereichen des Rechts[58].

---

[56] Eine Testdatenbank ist auch nach dem 1. Zwischenbericht, a.a.O., S. 9, von der Arbeitsgruppe geplant.

[57] Vgl. zur sozialrechtlichen Datenbank beim Bundessozialgericht *Brackmann, Heussner, Schroeder-Printzen, Richter, Geinitz, Hebebrand,* Grundkonzeption für die Errichtung einer sozialrechtlichen Datenbank beim Bundessozialgericht, Arbeitspapiere Rechtsinformatik, Heft 6; ferner *Heussner, Richter,* Die Überführung der Rechtskartei des Bundessozialgerichts in die elektronische Datenverarbeitung, DSWR 1971, S. 14 ff.; *Heussner,* BArbBl. 1971, S. 175 ff. Zur Steuerrechtsdokumentation vgl. *Sass,* Der Aufbau von Dokumentationssystemen. Dargestellt am Modell einer elektronischen Steuerrechtsdokumentation, Betriebsberater 1970, S. 1313 ff.; *Kreppel,* Elektronische Steuerrechts-Datenbank, DStR 1970, S. 713 ff.

[58] Vgl. dazu *Brackmann, Heussner,* u. a., a.a.O., S. 30 ff. (Anlage A).

Zusammenfassung

Den Ausgangspunkt der Überlegungen bildet die Feststellung, daß die juristischen Datenbanken hinsichtlich ihres Gegenstandes und ihrer Struktur in hohem Maße von den Benutzerbedürfnissen abhängig sind. In einem ersten Schritt werden diese Interdependenzen anhand von Beispielen dargelegt. Sie führen weiter zu dem Ergebnis, daß juristische Datenbanken unterschiedlich strukturiert sein können. Den eigentlichen Schwerpunkt der Ausführungen bildet sodann die Erforschung der Benutzerbedürfnisse. Dabei wird unterschieden zwischen personenbezogenen, tätigkeitsbezogenen und situationsbezogenen Faktoren. Nach Darlegungen zur Integration der juristischen Datenbanken in die konkrete Informationslage, werden einzelne qualitative Merkmale juristischer Datenbanken, wie Bereitstellung umfassender, präziser und/oder preiswerter Informationen sowie die schnelle Bereitstellung von Informationen gekennzeichnet. Den Abschluß dieses Teils bilden Bemerkungen über das Verfahren zur Ermittlung der Bedürfnisse.

In einem weiteren Abschnitt wird die Bedeutung der Benutzerbedürfnisse relativiert im Hinblick auf andere relevante Momente, wie verfassungsrechtliche, rechtspolitische und organisatorisch-technische Faktoren. Aus der Gesamtheit aller Faktoren wird in einem Schlußabschnitt die Konsequenz gezogen, daß juristische Datenbanken, die das gesamte Recht umfassen, in absehbarer Zeit nicht realisierbar sind. Vorrangig ist vielmehr die Durchführung von Forschungsvorhaben, die Erstellung von Testdatenbanken und die Schaffung gegenständlich begrenzter juristischer Datenbanken.

Summary

The point of departure for the considerations of the book constitutes the statement that legal data banks are dependent to a high degree on the requirements of the user with respect to their content and their structure. In a first step, these interdependencies are represented with the aid of examples. They lead further to the result that legal data banks can be structured differently. The investigation of the requirements of the user then constitutes the real point of difficulty for realization. In this respect, differentiation is made between factors related to the person, the act and the situation. After explanations concerning integration of legal data banks into concrete instructional circumstances, there are described individual qualitative characteristics of legal data banks such as provision of complete, precise and/or economically priced information as well as the rapid provision of information. Remarks concerning the process for ascertaining the requirements form the conclusion of this section.

In a further section, the importance of the requirements of the user is compared with respect to other relevant factors such as constitutional law, legal policy and technical factors of organization. From the entirety of all factors, the conclusion is drawn in the final section that legal data banks which include the total law are not realizable in the near future. Rather, it is of more importance to conduct research projects, to construct test data banks and to establish objectively limited legal data banks.

Pierre Catala

Bericht aus Frankreich

L'Institut de Recherches et d'Etudes pour le Traitement de l'Information Juridique (I.R.E.T.I.J.) Equipe de recherche associée au Centre National de la Recherche Scientifique.

Adresse: Faculté de Droit, 39, rue de l'Université, F-34 Montpellier

Directeur: Monsieur le Professeur *Pierre Catala*.

Cet institut d'université a été créé à Montpellier sous l'impulsion de Monsieur le Professeur *Catala* de la Faculté de Droit, qui dès 1965 fût le premier en France à constituer, avec Monsieur le Professeur *Falgueirettes* de la Faculté des Sciences, une équipe de recherche ayant pour objectif la mise au point d'une méthode automatique de traitement des sources du droit.

C'est la jurisprudence de la Cour de Cassation qui a servi de point de départ à l'expérience. On a enregistré les sommaires du « Bulletin des Arrêts de la Chambre Civile de la Cour de Cassation », publication du Service de Documentation et d'Etudes de la haute juridiction. Ils sont constitués de mots-clés résultant d'un système d'indexation préconstitué. Environ 30.00 sommaires ont été enregistrés à ce jour.

Partant de cette base, l'I.R.E.T.I.J. a mis au point une méthode rationnelle d'indexation des décisions judiciaires (cf. références bibliographiques). Depuis 1969, il procède à l'analyse systématique des arrêts de la Cour d'Appel de Montpellier, depuis 1970 à ceux de la Cour de Cassation et depuis 1971 à ceux de la Cour d'Appel de Nîmes, sous forme d'abstracts selon la méthode élaborée.

Le champ documentaire s'est élargi à la doctrine depuis le 1er janvier 1971 par l'analyse systématique de 35 revues spécialisées dans le droit privé (droit des affaires).

Le programme de recherche est écrit en assembleur et en IOCS Physique.

L'I.R.E.T.I.J. dispose du matériel du Laboratoire de Calcul de la Faculté des Sciences de Montpellier composé d'une unité centrale IBM 360/40 (mémoire centrale de 128 K), de trois unités de disques magnétiques 2314, d'un lecteur-perforateur de cartes 2540, d'une imprimante 1403/N1 et d'une machine à écrire 1052 au pupitre. La configuration n'autorise qu'un seul système d'exploitation de Disc Operating System.

Grâce au mode conversationnel, l'opérateur peut dialoguer avec l'ordinateur, et modifier sur-le-champ la formulation des questions.

La constitution des différents fichiers par l'I.R.E.T.I.J. s'inscrit dans son objectif à long terme de création d'une banque de données des trois sources du droit, mais déjà à la fin du printemps 1972, l'I.R.E.T.I.J. espère pouvoir offrir ses 100 premières questions à tous les juristes intéréssés.

Références bibliographiques:

Institut de recherches et d'études pour le traitement de l'information juridique. Montpellier. — L'indexation des décisions judiciaires : contribution à une définition de l'abstract. 2 t. — Montpellier, IRETIJ, 1969.

Institut de recherches et d'études pour le traitement de l'information juridique. Montpellier. — L'indexation des décisions judiciaires. Etude complémentaire. 2 t. — Montpellier, IRETIJ, 1970.

Institut de recherches et d'études pour le traitement de l'information juridique. Montpellier. — Etude initiale d'avant-projet pour une banque d'information juridique. — Montpellier, IRETIJ, 1970.

Les Editions Techniques

Adresse: 123, rue d'Alésia, F-75 Paris (14°)

Directeur Général: Monsieur *Philippe Durieux*

Le Centre de Documentation Juridique de la société des Editions Techniques a entrepris depuis 1970 le confection d'un fichier législatif automatisé dont la première édition constitue la table d'environ 60.000 textes de droit privé et administratif en vigueur au 1er octobre 1970. (cf. référence bibliographique)

Les matériaux de base qui ont servi à constituer ce fichier proviennent en grande partie des recueils de textes «Juris-Classeurs Codes et Lois», mis à part la majorité des textes publiés au « Journal Officiel de la Republique Française » depuis janvier 1970 qui ont fait l'objet d'une indexation systématique.

En outre, le Centre de Documentation Juridique a entrepris le traitement sur ordinateur de la jurisprudence de la Cour d'Appel de Paris et procède à l'analyse systématique des arrêts inédits rendus par certaines chambres civiles de cette juridiction.

Les décisions sont analysées sous forme d'abstracts selon la méthode d'indexation des décisions judiciaires mise au point par l'I.R.E.T.I.J. de Montpellier, avec lequel les Editions Techniques ont conclu des accords de coopération technique. Sont pris en charge les arrêts de la Cour d'Appel de Paris rendus à compter du 1er juin 1971.

Le matériel informatique dont disposent les Editions Techniques se compose d'un ordinateur ICL 1902 A (mémoire centrale de 64 K), de six dérouleurs de bandes, de deux unités de disques (8 millions de caractères), et d'un écran cathodique (20 lignes de 54 caractères) qui permettra, par un système de question-réponse, de converser avec l'ordinateur.

Référence bibliographique:

Fichier législatif et règlementaire. – Paris, Editions Techniques, 1971.

Le Centre de Recherche et de Développement en Informatique Juridique (C.E.D.I.J.)

Adresse: 1, place du Palais Royal, F-75 Paris (1er)

Directeur: Monsieur *Jean-Marie Breton*

L'initiative des travaux entrepris au Conseil d'Etat sur l'automatisation de la recherche de l'information juridique revient à Monsieur *Lucien Mehl,* maître des requêtes au Conseil d'Etat qui créa en 1966 une équipe de recherche sous la direction technique de Monsieur *Jean-Marie Breton,* ingénieur informaticien.

L'objectif du système élaboré au C.E.D.I.J. est d'englober la totalité de l'information juridique, mais le corpus documentaire actuellement enregistré se limite au Code Général des Impots, au Code de commerce, Code civil, et à la jurisprudence fiscale du Conseil d'Etat.

Le procédé de mise en mémoire varie selon le type de document à traiter. Les textes (lois, décrêts, arrêtés, ...) font l'objet d'un enregistrement intégral. Mais, le C.E.D.I.J. a été amené à apporter certaines retouches à l'enregistrement du full text par la technique de « l'explicitation » dont l'objet est de faire ressortir les notions implicites essentielles contenues dans le document original.

Par contre, la jurisprudence fiscale du Conseil d'Etat est enregistrée sous forme de résumé précédé d'un sommaire, telle qu'elle se présente dans le recueil Lebon, et depuis novembre 1970 on enregistre au jour le jour les analyses d'arrêts effectuées par les magistrats du Centre de Documentation du Conseil d'Etat.

Le C.E.D.I.J. a adopté l'ensemble de programmes conçu par IBM pour la documentation automatique, « Document Processing System », mais y a apporté des modifications.

Les travaux sont effectués sur un ordinateur IBM 360/50, système « Operating System », mis à la disposition du C.E.D.I.J. par l'Electricité de France. Sa mémoire centrale a une capacité de 512 K. Il comprend également six unités de disques 2314, deux dérouleurs de bandes et une imprimante 600 caractères par minute. Les données sont d'abord enregistrées sur petites bandes magnétiques par une machine 72 BM qui est également utilisée pour les mises à jour.

Le Centre de Recherches d'Information et de Documentation Notariales (C.R.I.D.O.N.)

Adresse: 58, boulevard des Belges, F-69 Lyon (6°)

Secrétaire Générale: Mademoiselle *Henriette Mignot*

Les cinq C.R.I.D.O.N. (Lyon, Paris, Lille, Nantes, Bordeaux) sont des centres spécialisés dans le traitement de la documentation juridique nécessaire à l'exercice de la profession notariale. Ils effectuent des recherches rétrospectives en vue de fournir des références aux usagers et donnent des consultations en proposant une solution au problème posé.

Le C.R.I.D.O.N. de Lyon, qui fût le premier créé en 1962, avait constitué un important fichier manuel et le traitait à l'aide du procédé « Sélecto » à sélection optique. Ce sont ces 60.000 références collectées au cours de plusieurs années qui ont servi de base pour mettre au point un système de documentation automatique en 1969.

Le fonds documentaire stocké concerne le droit civil, le droit fiscal, le droit commercial, le droit rural etc. ... Les principales sources du droit (textes législatifs, jurisprudence, doctrine) ont été retenues et sont enregistrées sous forme de résumé analytique complété des mots-clés qui représentent le contenu du document.

C'est avec le concours de l'Institut de Mathématiques Appliquées de la Faculté des Sciences de Grenoble (I.M.A.G.), et sur son ensemble électronique réunissant un IBM 360/40 et un IBM 360/67 qu'a été conçu le système de traitement automatique de la documentation juridique du C.R.I.D.O.N. de Lyon dénommé SYDONI.

Ce système est en cours de transposition sur un Control-Data 6.600 de la S.E.M.A. à Paris. C'est un système conversationnel qui a été conçu pour permettre à la fois l'accès à distance et le traitement en temps partagé prévoyant la possibilité de mise en place d'un réseau d'interrogation entre tous les C.R.I.D.O.N. On prévoit qu'il deviendra opérationnel en 1972. Ses utilisateurs seront les notaires qui font déjà appel aux services du C.R.I.D.O.N.

Une démonstration du système SYDONI a eu lieu à Paris le 3 Février 1972.

L'Institut d'Etudes Judiciaires d'Aix en Provence

Adresse: avenue des Fenouillères, F-13 Aix en Provence

Directeur: Monsieur le Professeur *Edmond Bertrand*

Depuis mars 1966, l'Institut d'Etudes Judiciaires d'Aix en Provence, sous la direction de Monsieur *Edmond Bertrand*, professeur à la Faculté de Droit, a constitué un fichier de jurisprudence dans le but détudier la sociologie judiciaire régionale.

L'équipe de recherche procède à l'analyse systématique de tous les arrêts rendus en matière civile et commerciale par la Cour d'Appel d'Aix en Provence, ce qui représente environ 6.000 décisions analysées par an.

Les documents sont traités sous forme de résumé analytique en langage naturel complété d'une indexation à l'aide de mots-clés codifiés permettant d'effectuer les opérations de recherche.

La sélection des fiches perforées, encore mécanique, est effectué par une trieuse. Mais ces fiches sont exploitables directement par un calculateur IBM 360/50.

Un service d'abonnement annuel est ouvert aux avocats de la région depuis novembre 1969, en vue d'obtenir sur une demande précise les documents analysés. Certains membres d'autres professions judiciaires et certains services de contentieux d'entreprise usent de la même faculté.

Pierre Catala

Bericht aus Frankreich

(Deutsche Fassung von Jochen Streil)

L'Institut de Recherches et d'Etudes pour le Traitement de l'Information Juridique (I.R.E.T.I.J.)

(Forschungsinstitut für juristische Datenverarbeitung). Dem Centre National de la Recherche Scientifique (CNRS) angeschlossene Forschungsgruppe.

Adresse: Facultè de Droit, 39, rue de l'Université, F-34 Montpellier

Direktor: Professor *Pierre Catala*

Dieses Universitätsinstitut wurde in Montpellier auf Betreiben von Professor *Catala* von der Juristischen Fakultät gegründet. Als erster in Frankreich rief *Catala* 1965 zusammen mit Professor *Falgueirettes* von der Naturwissenschaftlichen Fakultät eine Forschungsgruppe ins Leben, die die Entwicklung einer automatischen Methode zur Verarbeitung von Rechtsquellen zum Ziel hatte.

Zu Beginn diente die Rechtsprechung des Kassationshofs als Versuchsbasis. Zunächst wurden Inhaltsübersichten gespeichert, die dem „Bulletin des Arrêts de la Chambre Civile de la Cour de Cassation" entnommen waren, einer Publikation des Dokumentations- und Forschungsdienstes für die höchstrichterliche Rechtsprechung. Sie bestehen aus Schlüsselwörtern, die nach einer feststehenden Indexierungsmethode gewonnen werden. Bisher sind 30.000 solche Inhaltsübersichten gespeichert worden.

Darauf aufbauend hat I.R.E.T.I.J. eine rationelle Methode zur Indexierung juristischer Entscheidungen entwickelt (s. bibliographische Hinweise). Seit 1969 werden nach dieser Methode systematisch die Entscheidungen des Appellationsgerichts von Montpellier analysiert und davon Abstracts erstellt. Seit 1970 werden auch die Entscheidungen des Kassationshofs und seit 1971 die des Appellationsgerichts von Nîmes erfaßt.

Das dokumentarische Feld erfaßt seit dem 1. Januar 1971 auch die juristische Literatur. 35 privat- und wirtschaftsrechtliche Zeitschriften werden systematisch analysiert.

Das Suchprogramm ist in Assembler und IOCS Physique geschrieben.

I.R.E.T.I.J. kann das Rechenzentrum der Naturwissenschaftlichen Fakultät in Montpellier benützen. Dieses verfügt über eine Zentraleinheit IBM 360/40 mit einem Zentralspeicher von 128 K, 3 Magnetplatteneinheiten 2314, einen Lochkartenleser, -stanzer 2540, einen Drucker 1403/N1 und eine Schreibmaschine 1052. Bei dieser Ausstattung ist nur ein Platten-Betriebssystem möglich.

Dank des Dialogbetriebs kann der Operator an Ort und Stelle die Frageformulierung modifizieren.

Der Aufbau verschiedener Karteien durch das I.R.E.T.I.J. dient dem langfristigen Ziel, eine Datenbank aller drei Rechtsquellen zu schaffen. Doch schon Ende Frühjahr 1972 hofft man, die 100 ersten Fragen allen interessierten Juristen anbieten zu können.

Bibliographische Hinweise:

Institut de Recherches et d'Etudes pour le Traitement de l'Information Juridique. Montpellier. – L'Indexation des décisions judiciaires: contribution à une définition de l'abstract. 2 Bd. – Montpellier, IRETIJ, 1969.

Institut de Recherches et d'Etudes pour le Traitement de l'Information Juridique. Montpellier. – L'Indexation des décisions judiciaires. Etude complémentaire. 2. Bd. – Montpellier, IRETIJ, 1970.

Institut de Recherches et d'Etudes pour le Traitement de l'Information Juridique. Montpellier. – Etude initale d'avant-project pour une banque d'information juridique. – Montpellier, IRETIJ, 1970.

Les Editions Techniques

Adresse: 123, rue d'Alésia, F-75 Paris (14°)

Generaldirektor: *Philippe Durieux*

Das Juristische Dokumentationszentrum der Gesellschaft Editions Techniques stellt seit 1970 eine automatisierte Gesetzgebungskartei auf. Die erste Ausgabe enthält ein Register von ungefähr 60.000 privat- und verwaltungsrechtlichen Vorschriften, die am 1. Oktober 1970 in Kraft waren – (s. bibliographischer Hinweis).

Das Ausgangsmaterial für die Kartei entstammt zum großen Teil der Gesetzessammlung „Juris-Classeurs Codes et Lois". Das gilt aber nicht für die Mehrheit der im Journal officiel (französisches Gesetzes- und Verordnungsblatt) seit Januar 1970 veröffentlichten Vorschriften, da diese systematisch indexiert worden sind.

Außerdem verarbeitet das Juristische Dokumentationszentrum die Rechtsprechung des Pariser Appelationsgerichts und analysiert systematisch unveröffentlichte Entscheidungen bestimmter Zivilkammern dieses Gerichts.

Bei der Entscheidungsanalyse werden Abstracts nach der von I.R.E.T.I.J. in Montpellier entwickelten Methode zur Indexierung juristischer Entscheidungen erstellt. Die Editions Techniques haben mit dem I.R.E.T.I.J. technische Kooperationsverträge geschlossen. Es werden die seit dem 1. Juni 1971 ergangenen Entscheidungen des Pariser Appellationsgerichts erfaßt.

Die technische Ausstattung, über die die Editions Techniques verfügen, besteht aus einer Anlage ICL 1902 A (Zentralspeicher von 64 K), 6 Bandeinheiten, 2 Magnetplatteneinheiten (8 Millionen Zeichen) und einem Bildschirmgerät (20 Linien zu je 54 Zeichen), das es, mittels eines Frage-Antwort-Systems, erlauben wird, in Dialog-Verkehr mit der Anlage zu treten.

Bibliographischer Hinweis:

Fichier législatif et règlementaire. – Paris, Editions Techniques, 1971.

Le Centre de Recherche et de Développement en Informatique Juridique (C.E.D.I.J.)
(Entwicklungszentrum für Rechtsinformatik)

Adresse: 1, place du Palais Royal, F-75 Paris (1er)

Direktor: *Jean-Marie Breton*

Die Initiative zu den beim Conseil d'Etat (Staatsrat) unternommenen Arbeiten zur automatischen Suche juristischer Informationen geht auf *Lucien Mehl*, Mitglied des Staatsrats, zurück, der 1966 eine Forschungsgruppe unter der technischen Leitung des Informatikingenieurs *Jean-Marie Breton* gründete.

Ziel des beim C.E.D.I.J. entwickelten Systems ist es, die Gesamtheit der juristischen Information zu erfassen, doch sind gegenwärtig nur Steuer-, Handels- und Zivilgesetzbuch sowie die Steuerrechtsprechung des Conseil d'Etat gespeichert.

Das angewandte Dokumentationsverfahren hängt von der Art des zu erfassenden Dokuments ab. Vorschriften (Gesetze, Verordnungen, Erlasse...) werden vollständig erfaßt. Doch hat der C.E.D.I.J. das System der Volltextspeicherung modifiziert, und zwar durch die Technik der „Explizitation", deren Zweck es ist, die wesentlichen Begriffe, die im Originaldokument impliziert enthalten sind, hervortreten zu lassen.

Die Steuerrechtsprechung des Conseil d'Etat wird dagegen so gespeichert, wie sie in der Sammlung Lebon erscheint, nämlich in der Form von Zusammenfassungen, denen eine Inhaltsübersicht vorangeht. Seit November 1970 werden tagtäglich die Entscheidungsanalysen gespeichert, die von den Beamten des Dokumentationszentrums des Conseil d'Etat erstellt worden sind.

Das C.E.D.I.J. verwendet das Programmpaket „Document Processing System", das IBM für die automatische Dokumentation entwickelt hat. Jedoch hat es Änderungen daran vorgenommen.

Die Arbeiten werden auf einer EDV-Anlage IBM 360/50, Betriebssystem „Operating System", vorgenommen, die dem C.E.D.I.J. von der „Electricité de France" zur Verfügung gestellt wird. Der Zentralspeicher hat eine Kapazität von 512 K. Zu der Anlage gehören weiter 6 Magnetplatteneinheiten 2314, 2 Bandeinheiten sowie ein Drucker für 600 Zeichen in der Minute. Die Daten werden zunächst mit einer Magnetbandschreibmaschine BM 72 auf kleine Magnetbänder übertragen. Die BM 72 dient auch für den Änderungsdienst.

Le Centre de Recherches d'Information et de Documentation Notariales (C.R.I.D.O.N.)
(Informations- und Dokumentationszentrum der Notare)

Adresse: 58, boulevard des Belges, F-69 Lyon (6°)

Generalsekretär: *Henriette Mignot*

Die fünf C.R.I.D.O.N (Lyon, Paris, Lille, Nantes, Bordeaux) sind auf die Verarbeitung der für den Notarberuf notwendigen juristischen Dokumentation spezialisiert. Sie führen Suchen durch, die den Benutzern bibliographische Angaben liefern und üben außerdem eine Beratertätigkeit aus, indem sie Lösungen für ihnen gestellte Probleme vorschlagen. Das C.R.I.D.O.N. von Lyon, das als erstes 1962 gegründet wurde, hatte eine umfangreiche manuelle Kartei aufgebaut, die nach dem auf optischer Auswahl beruhenden Verfahren „Sélecto" benutzt wurde. Die im Laufe mehrerer Jahre gesammelten 60.000 bibliographischen Angaben waren das Ausgangsmaterial für das 1969 eingeführte automatische Dokumentationssystem.

Die gespeicherten Dokumente betreffen das Zivil-, Steuer-, Handelsrecht, das landwirtschaftliche Bodenrecht etc. Die hauptsächlichen Rechtsquellen (Gesetzgebung, Rechtsprechung und Lehre) sind einbezogen und werden in der Form analytischer Zusammenfassungen – ergänzt von Schlüsselwörtern, die den Dokumenteninhalt herausstellen – aufgenommen.

Das von C.R.I.D.O.N. in Lyon verwendete juristische Dokumentationssystem SYDONI wurde mit Unterstützung des Instituts für angewandte Mathematik der Naturwissenschaftlichen Fakultät in Grenoble (IMAG) enwickelt, wobei dessen elektronische Anlage, die eine IBM 360/40 und eine IBM 360/67 umfaßt, Anwendung fand.

Das System wird gerade umprogrammiert, so daß es auf der Control-Data 6600 der SEMA in Paris verwendet werden kann. Das System arbeitet im Dialogbetrieb und ist im Hinblick auf die Möglichkeit der Einrichtung eines Anfrageverbundes zwischen allen C.R.I.D.O.N so konzipiert worden, daß Datenfernverarbeitung und Simultanzeitbetrieb möglich sind. Die Indienststellung des Systems ist für 1972 vorgesehen. Benutzer werden die Notare sein, die schon jetzt das C.R.I.D.O.N. in Anspruch nehmen.

Eine Demonstration des Systems SYDONI fand am 3. Februar 1972 in Paris statt.

L'Institut d'Etudes Judiciaires d'Aix-en-Provence
(Institut für Rechtsstudien in Aix-en-Provence)

Adresse: avenue de Fenouillères, F-13 Aix-en-Provence

Direktor: Professor *Edmond Bertrand*

Seit März 1966 stellt das Institut für Rechtsstudien eine Rechtsprechungskartei auf, die dem Studium der regionalen Rechtssoziologie dienen soll. Die Arbeiten stehen unter der Leitung von *Edmond Bertrand*, Professor an der Juristischen Fakultät in Aix-en-Provence. Die Arbeitsgruppe nimmt eine systematische Analyse aller zivil- und handelsrechtlichen Urteile des Appellationsgerichts von Aix-en-Provence vor. Es handelt sich um ungefähr 6.000 Entscheidungen im Jahr.

Die Dokumente werden in der Form analytischer Zusammenfassungen in natürlicher Sprache erfaßt, ergänzt durch eine Indexation mit kodifizierten Schlüsselwörtern, die die Durchführung von Suchoperationen erlaubt.

Das Heraussuchen der Lochkarten geschieht noch mechanisch durch eine Sortiervorrichtung, doch können die Karten direkt von einem Rechner IBM 360/50 verarbeitet werden.

Die Rechtsanwälte der Region können seit November 1969 ein Jahresabonnement erhalten, aufgrund dessen ihnen auf Anfrage hin alle einschlägigen analysierten Dokumente zur Verfügung gestellt werden. Diese Möglichkeit steht auch bestimmten anderen juristischen Berufsgruppen und bestimmten Rechtsabteilungen von Betrieben offen.

Literatur

Kybernetik — Datenverarbeitung — Recht

Veröffentlichungen der Forschungsstelle für juristische Dokumentation, Band 1, Materialien zur Rechtsinformatik, herausgegeben von Spiros Simitis, Helga Voss-Eckermann und Ulrich Dammann. Folge 1: Länderberichte: USA, Schweden, Dokumentationssysteme, Bibliographie. Frankfurt am Main 1971. 144 S. DM 19.—

Der Leiter und zwei Mitarbeiter der Frankfurter Forschungsstelle für juristische Dokumentation haben eine neue Reihe zur Rechtsinformatik mit diesem 1. Band eröffnet, deren Funktion von *Simitis* in dem Vorwort gekennzeichnet wird mit: zuverlässige Informationen über die Rechtsinformatik durch Länderberichte, durch kritische Detailanalysen von juristischen Dokumentationssystemen und durch Literaturübersichten, die durch knappe Inhaltsangaben ergänzt werden. Treffen auch die kritischen Bemerkungen von *Simitis* zur notwendigen Klärung von Vorfragen, insbesondere der Zielsetzung juristischer Dokumentations- und Informationssysteme zu (S. 15 f.), so bleibt gleichwohl der Zwang zu einer allgemein zugänglichen präzisen Information über größere Zusammenhänge wie über Details. Dieser selbst gestellten Aufgabe wird der 1. Band gerecht.

Einen instruktiven, manche Neuigkeiten enthaltenden Situationsbericht über „Datenverarbeitung und Recht in den Vereinigten Staaten von Amerika" gibt einleitend *Bernhard M. Prestel*. Trotz einiger, vom Verfasser hervorgehobener Bewertungsschwierigkeiten wird doch ein plastisches Bild von den auch in den USA verzeichneten derzeitigen technischen, sachbedingten und psychologischen Grenzen des Einsatzes von Datenverarbeitungsanlagen vermittelt, es wird aber zugleich auch gezeigt, daß die Einsatzmöglichkeiten in der juristischen Praxis bei weitem noch nicht ausgeschöpft sind.

Ein weiterer Länderbericht über Schweden wird von *Gebhard Carsten* unter dem Titel „Der Aufbau von EDV-Systemen innerhalb der schwedischen Justiz" vorgelegt. Interessant ist hier, daß in Schweden die Überlegungen zur Schaffung juristischer Dokumentations- und Informationssysteme wohl zunächst auf den Bereich der öffentlichen Hand beschränkt sind. Einen breiten Raum nimmt im übrigen die Darstellung der geplanten Reform des Grundbuchwesens ein, das weitgehend auf ein EDV-System gestützt werden soll. Für die deutschen Reformpläne werden diese Modellüberlegungen mit Sicherheit von Nutzen sein.

Bernhard M. Prestel eröffnet die geplanten Detailanalysen juristischer Informationssysteme mit einer Darstellung des von CREDOC (Centre de documentation juridique Bruxelles) in der Praxis bereits genutzten Indexsystems.

Die Systembeschreibung enthält detaillierte Angaben zu dem dokumentierten Material, zur Dokumentationstechnik, zur Abfragetechnik und zur Leistungsfähigkeit. Weitere Ausführungen werden zur Ausstattung, zum Benutzerkreis und zur Kostenseite gemacht. Den Schluß bildet eine allgemeine Beurteilung des Systems, in der die allgemeinen Schwächen der Indexmethode hervorgehoben werden.

Der unmittelbare (allerdings theoretische) Vergleich mit einem Volltextsystem wird durch die anschließende Darstellung des Dokumentationssystems der UNIDATA AG von *Bernhard Vischer* ermöglicht. Hier ist allerdings kritisch zu vermerken, daß eine auf neutrale Distanz bedachte Schriftenreihe zumindest ausdrücklich hätte hervorheben sollen, daß der Bericht von dem „geistigen Vater" des Systems stammt, wenn nicht überhaupt die Beschreibung des Systems durch einen neutralen Dritten vorzuziehen gewesen wäre. Damit soll allerdings weder die dem Rezensenten bekannte hervorragende Qualifikation von *Bernhard Vischer* geleugnet, noch seine m. E. objektive und nüchterne Beurteilung des von ihm entwickelten Dokumentationssystems (das im übrigen auf anderen Vorgängern aufbaut) negiert werden.

Das wesentlich komplexere (und noch nicht vollständig verwirklichte) System der UNIDATA AG wird abschließend einer positiven Beurteilung durch *Prestel* unterzogen.

Beide Systemanalysen geben einen guten Einblick in die Problematik und die Möglichkeiten der Index- bzw. der Volltextmethode.

Den Schluß dieses 1. Bandes bildet eine von *Ulrich Dammann* bearbeitete Bibliographie zu den wesentlichen Bereichen der Rechtsinformatik mit dem Stande vom 31. 3. 1971. Der Wert dieser Dokumentation, deren Vollständigkeit nicht verbürgt wird, besteht darin, daß der bibliographische Teil ergänzt wird durch (wie der Verfasser mittels Stichproben feststellen konnte) zuverlässige und signifikative Inhaltsangaben. Dieser Weg sollte weiter verfolgt werden, da die Literatur weit verstreut sowie schwer auffindbar ist.

Bernt Bühnemann

Sven Hellfors, Zusammenarbeit mit Service-Rechenzentren

Organisatorische und vertragliche Regelungen bei Datenverarbeitung außer Haus. Freiburg i. Br. 1971. 160 S. DM 16.80

Berichtet *Hellfors* noch von rund 200 Service-Rechenzentren im Bereiche der Bundesrepublik (S. 5), so wird heute die Zahl der Dienstleistungsunternehmen im Datenverarbeitungssektor auf etwa 500 bis 1000 geschätzt. Selbst wenn die Zahl der Unternehmen in den nächsten Jahren konstant bleiben oder — als Folge verschärften Wettbewerbs — abnehmen sollte, ist gleichwohl mit einer erheblichen Zunahme der Software-Dienste zu rechnen.

Hinter dem leider etwas irreführenden Haupttitel verbirgt sich eine fundierte, anschaulich geschriebene Darstellung der Organisationsformen und Probleme betrieblicher Datenverarbeitung durch Unternehmungen, die außerhalb des einzelnen Betriebes die Durchführung betrieblicher Datenverarbeitung übernehmen („Datenverarbeitung außer Haus"). Die Hauptzielsetzung der Arbeit ist auf eine Unterstützung des Kunden bei der Auswahl des seinen individuellen Bedürfnissen entsprechenden Dienstleistungsunternehmens bzw. der angebotenen Dienstleistung gerichtet. Dabei wird der Leser zugleich angeregt, eigenständige Gedanken für eine optimale Planung und Durchführung von EDV-Projekten zu entwickeln. Der Schwerpunkt der Untersuchung liegt im kaufmännisch-administrativen Bereich, wie auch die Arbeit bewußt aus wirtschaftlich-organisatorischer Sicht geschrieben worden ist (S. 24). Spezifische Rechtsausführungen (Teil C und zum Teil auch Teil D) halten sich in engen Grenzen und lassen verständlicherweise viele Fragen offen. Das ist sicherlich ein Manko, zumal auch gerade den Praktiker interessieren wird, mit welchen rechtlichen Konsequenzen er in bestimmten Fallkonstellationen zu rechnen hat. Dieser Nachteil der Untersuchung sollte allerdings dem Verfasser (der nicht Jurist ist) nicht angelastet werden, ist doch die gegenwärtige Situation dadurch gekennzeichnet, daß die Juristen erst allmählich überhaupt die rechtlichen Implikationen der Datenverarbeitung zur Kenntnis nehmen und von einer rechtlichen Durchdringung der Datenverarbeitung in der Wirtschaft außerhalb des engeren Bereichs der Rechtsinformatik noch weit entfernt sind. Dem Juristen stellen sich allerdings insoweit besondere Schwierigkeiten in den Weg, als die rechtliche Bewertung dieser außerordentlich komplexen Vorgänge in Zusammenhang mit dem Einsatz der EDV in der Wirtschaft spezifische Kenntnisse wirtschaftlicher, organisatorischer und technischer Art voraussetzt. Vernünftigerweise sollten daher künftig derartige Untersuchungen nur in enger Kooperation zwischen Vertretern der jeweiligen Fachdisziplinen durchgeführt werden, wenn sie Anspruch auf eine umfassende Behandlung der Probleme erheben.

Trotz dieser generellen Vorbehalte hat die vorliegende Untersuchung auch für den Juristen einen hohen Wert — abgesehen von der Tatsache, daß mit diesem Buch erstmalig überhaupt eine geschlossene Darstellung der Probleme um die Datenverarbeitung außer Haus vorgelegt wird.

Der Jurist wird hier eine Fülle an Material finden, das nicht nur informativ ist, sondern zugleich als Rechtstatsachensammlung dem juristischen Bewertungsprozeß zugrunde gelegt werden kann.

Die Abhandlung beginnt mit einem Verzeichnis der Abkürzungen, Fachausdrücke und Fremdwörter, die dem Laien die Lektüre erleichtern. Der eigentliche Sachteil hat — nach einführenden Bemerkungen zu dem behandelten Stoff, zu Inhalt und Zielsetzung der Darstellung — in einem ersten großen Abschnitt zunächst die grundlegenden Sachfragen bei einer Datenverarbeitung außer Haus zum Gegenstand. In diesem Zusammenhang werden sowohl Ausführungen zu den Verantwortungsbereichen der Datenverarbeitung, zu den typischen Arten des Leistungsumfanges wie zu den Kostenproblemen gemacht. Daran an schließt sich ein kurzer Abschnitt über grundlegende Rechtsfragen, die aber auch nach Ansicht des Verfassers noch weitgehend einer Klärung bedürfen. Im Mittelpunkt der Untersuchung steht der Abschnitt D (Einzelgebiete der Vertragsgestaltung), in dem neben allgemeineren Darlegungen zu den Sacherfordernissen und den AGB vor allem die Probleme der Systemschaffung und der Datenverarbeitung (u. a. Datenerfassung und Datenbearbeitung) behandelt werden.

Insgesamt zeigen die Ausführungen, wie sehr (noch) Art und Umfang des Einsatzes der EDV in den Betrieben von den individuellen Besonderheiten abhängig ist und dementsprechend Generalisierungen nur schwer möglich sind. Daraus folgt zugleich, daß die bisherigen, von den Rechenzentren verwandten AGB grundsätzlich einer Ergänzung durch individuelle Vereinbarungen bedürfen.

Außerordentlich nützlich für die Orientierung und weitere Veranschaulichung sind schließlich die in der Anlage abgedruckten, von dem Verfasser im Text ausgewerteten acht Allgemeinen Geschäftsbedingungen einzelner Rechenzentren, die, mit Ausnahme der Firmenbezeichnungen und der Ortsangaben, im Originalwortlaut wiedergegeben werden, sowie die von *Heinrich* entwickelte Richtlinie für Vertragsabschlüsse durch kleinere Kundenbetriebe, die ebenfalls als Anlage veröffentlicht werden.

Bernt Bühnemann

Full Text Case Law Retrieval: The Responsa Project

By Y. Choueka, Department of Mathematics, Bar-Ilan University; M. Cohen, The Inter-Kibbutz Computer Center, Tel Aviv; J. Dueck, Institute of Research in Jewish Law, The Hebrew University of Jerusalem; A. S. Fraenkel, Department of Applied Mathematics, The Weizmann Institute of Science, and Department of Mathematics, Bar-Ilan University; M. Slae, Department of Applied Mathematics, The Weizmann Institute of Science, and Computer Center, Bar-Ilan University. Arbeitspapiere Rechtsinformatik, Heft 3. Berlin 1972. DIN A 4. 64 Seiten. Broschiert DM 20,—

Von den Systemen der elektronischen Rechtsdokumentation nehmen einige, insbesondere die amerikanischen Pionierprojekte, bereits einen festen Rang ein. Sie dienen als Vorbild und Studienobjekt, wenn es darum geht, sich mit den Möglichkeiten des Computers bei der Wiederauffindung juristischer Dokumente vertraut zu machen oder auch selbst ein System aufzubauen. Daneben gibt es jedoch eine Reihe von Projekten, die über die Bekanntheit in einem kleinen Kreis noch nicht hinausgelangt sind, obwohl gerade sie, auf den Erfahrungen der „Etablierten" aufbauend, Weiterentwicklungen und Fortschritte bringen. Hierzu gehört das RESPONSA-Projekt in Israel, das jetzt in einer ausführlichen Beschreibung als Heft 3 der Arbeitspapiere Rechtsinformatik vorgestellt wird. Der Bericht beschäftigt sich mit der 1. Phase der Versuche, die 1969 abgeschlossen wurde.

Anlaß für die Entwicklung des Systems war die Aufgabe, die 17 Jahrhunderte umfassende religiöse jüdische Rechtsprechung, die „responsa", die heutzutage aufgrund ihres Umfangs weitgehend unzugänglich ist, mit Hilfe moderner Mittel zu erschließen. Dabei konfrontierte die Datenbasis die Bearbeiter, die sich für ein Suchverfahren auf der Basis des vollen Textes entschieden hatten, mit derart komplexen sprachlichen Problemen, daß es notwendig wurde, zu ihrer Bewältigung neue Methoden zu entwickeln. So erlauben es die extremen Flexionsprobleme der hebräischen Sprache, in der nicht selten Tausende von grammatikalischen Varianten eines Schlüsselwortes existieren, die in vielen Fällen durch Voranstellen verschiedener Buchstaben als Präfixe gebildet werden, nicht, Suchen wie bei den Projekten im angelsächsischen Sprachbereich lediglich mit den Grundformen und vielleicht noch den Wurzeln von Begriffen durchzuführen. Vielmehr müssen sämtliche grammatikalischen Formen in die Suche mit einbezogen werden. Hierfür wurde nicht der Weg über Thesauri und Substitutionslisten gewählt, sondern die verschiedenen Varianten werden durch eine grammatikalische Synthese vom System selbst generiert. Um die durch das Fehlen von Vokalen bedingte hohe Häufigkeit von Homographen zu bewältigen, wurde ein „kompakter KWIC-Index" eingebaut, der schon im Laufe der Suche ein Ausscheiden irrelevanter Schlüsselworte gestattet. Weitere Merkmale des Systems sind ein „eingebetteter Zitate-Index" sowie eine große Anzahl von Distanz-Operatoren, mit deren Hilfe die Strategie einer Suche ganz auf den individuellen Fall zugeschnitten werden kann.

Das System ist gegenwärtig mehr für Recherchen angelegt, bei denen Präzision wichtiger ist als Geschwindigkeit. Es wird an Ausweitungen in Richtung auf ein Dialogsystem gearbeitet, das den Anfrager gleichzeitig noch mehr bei der Auswahl der relevanten Dokumente unterstützen soll.

Der Bericht ist von den Mitarbeitern des Projekts selbst abgefaßt und bringt dadurch eine gründliche und authentische Einführung in die Probleme und Konzeption des Systems. Der Sprache ist oftmals die Mitarbeit von Mathematikern anzumerken, die auf der einen Seite wesentlich zur Eindeutigkeit und Klarheit des Textes beiträgt, auf der anderen Seite aber auch zu einer großen Dichte führt. Sehr hilfreich sind die Abbildung eines Blockdiagramms sowie die Darstellung einer Mustersuche. — Der Text ist in seiner Originalsprache Englisch veröffentlicht, ein Experiment, das angesichts der Internationalität des Fachbereichs, in dem viele einschlägige Texte nur in dieser Sprache vorliegen, sicher gerechtfertigt sein dürfte.

Helga Voss-Eckermann

Göttlinger, EDV-Planung in der Öffentlichen Verwaltung

EDV und Recht, Band 2. Berlin, 1972. XIV, 230 Seiten. Kart. DM 42,—

Mit dem zweiten Band der Reihe „EDV und Recht" legt der J. Schweitzer Verlag wohl die erste umfassende Darstellung der Probleme vor, die sich beim Einsatz von Datenverarbeitungsanlagen in der öffentlichen Verwaltung ergeben. Bereits der Titel „EDV-Planung" weist darauf hin, daß es sich hier primär um ein planerisches, organisatorisches Problem handelt, und die technischen Aspekte – wenn auch von großer Bedeutung – nachrangig sind. Betrachtet man „EDV-Planung in der Öffentlichen Verwaltung" als das, was es selbst auch nur sein will, als eine „Einführung", so kann man es nur als gelungen bezeichnen. Es gibt dem Laien die Möglichkeit, sich in die Problematik hineinzulesen und gibt dem „Fachmann" einen Überblick, der manche neuen Perspektiven bieten dürfte.

Wesentlich ist dabei, daß bereits durch den Aufbau des Werkes die planerischen Gesichtspunkte in den Vordergrund gestellt werden. Führungsprobleme, Personal- und Ausbildungsfragen, Fragen der Integration und Kompatibilität haben der technischen DV-Planung vorauszugehen. Das gilt generell für den Einsatz der EDV in der öffentlichen Verwaltung und es gilt genau so gut für den Einzelfall.

Es erscheint müßig, auf Einzelheiten des Werkes einzugehen. Hier dürften immer verschiedene Auffassungen möglich sein. Wichtig sind die Art und die Vollständigkeit, mit der hier die Probleme des EDV-Einsatzes in der öffentlichen Verwaltung dargestellt werden. Wenn zu einem einzelnen Thema etwas zu sagen ist, dann dies: Der Autor verdient Respekt für die Freimütigkeit, mit der er die „Führungsprobleme" behandelt hat.

Horst Joeres

Verantwortlich für den redaktionellen Teil: Dr. Sigmar Uhlig, Bonn.

Verlag: J. Schweitzer Verlag, 1 Berlin 30, Genthiner Straße 13, Telefon 0311/261 13 41, Postscheckkonto: Berlin-West, Konto-Nr. 566 67; Berliner Bank A.G., Dep.-Kasse 32, Konto-Nr. 71 036. Der Verlag ist eine KG; persönlich haftende Gesellschafter sind Dr. Kurt Georg Cram, Berlin, und Dr. Arthur L. Sellier, München; Kommanditisten sind Robert Sellier, Freising, Alfred Sellier und Marie-Louise Sellier, beide München. *Anzeigenannahme:* J. Schweitzer Verlag. Gültig ist Anzeigenpreisliste Nr. 1. Verantwortlich für den Anzeigenteil: Dietrich Foth. Anzeigenschluß 4 Wochen vor Erscheinen des Heftes. *Satz:* Behr, München. *Druck*: Gerber, München. *Erscheinungsweise*: Die Zeitschrift erscheint bandweise, ein Band besteht aus 4 Heften zu je ca. 96 Seiten. Jährlich soll ein Band erscheinen. *Bezugspreise*: Abonnementspreis pro Band DM 128,—. Vorzugspreis für Studenten und Referendare DM 96,—, Einzelheft DM 36,—, Doppelheft DM 72,—. Alle Preise verstehen sich inklusive Mehrwertsteuer, jedoch zuzüglich Zustellgebühr. *Bestellungen* nehmen entgegen: jede Buchhandlung und der Verlag. Bestellungen zum Vorzugspreis nur gegen Vorlage einer Ausbildungsbestätigung. *Abbestellungen* müssen 4 Wochen vor Vierteljahresschluß erfolgen.

Kolibri 360 GmbH
Ferdinand-Jühlke-Straße 7
99095 Erfurt, Deutschland
produktsicherheit@kolibri360.de